£8.85

D0792597

Dr. Donald Wesling
4968 Foothill Blvd.
San Diego,CA 92109

San Diego Christian College
2100 Greenfield Drive
El Cajon, CA 92019

821.082
N532m

THE NEW MAKARS

THE MERCAT ANTHOLOGY
OF CONTEMPORARY POETRY IN
SCOTS

Edited by
TOM HUBBARD

JAMES THIN
THE MERCAT PRESS, EDINBURGH
1991

First published in 1991 by Mercat Press
James Thin, 53 South Bridge, Edinburgh EH1 1YS

© Mercat Press 1991

ISBN 090182495X

The publisher acknowledges subsidy from
the Scottish Arts Council towards the
publication of this volume.

Printed and bound in Great Britain by
Billing & Sons Limited, Worcester

CONTENTS

DÙTHCHAS AND DUENDE: A FUTURE FOR POETRY IN SCOTS?

It has become our linguistic litany: Scottish poets write in Gaelic, Scots or English. Gaelic is readily distinguishable because of its membership of another language family, Celtic; its poets continue to make contacts with their Irish counterparts. Although Scots is a particular strain of the Teutonic family, and enjoyed official status when Scotland was an independent nation, it is now treated as if it were a 'debased' form of English. A language rich in dialects is itself regarded as no more than a dialect. The political and cultural dominance of London, together with the acquiescence of powerful sections of the Scottish intelligentsia and media, have inhibited the full restoration and renewal of a noble European tradition.

Inhibited . . . but not extinguished. This book is the first serious all-Scots anthology for well over a decade, and from the vantage point of the Scottish Poetry Library I have seen that a robust commitment to Scots expression is not limited to this or that literary clique. As for the oral dimension, it flourishes in pubs, clubs and elsewhere, together with the wealth of lowland music, and maintains its own documentation in forms other than the present, printed, work. On paper, however, Scots poetry has appeared mainly in small-circulation magazines and various fugitive publications, and there is little perception of a coherent language culture as compared with Gaelic. I hope that this anthology will in some way reveal the culture out of which the poetry has grown; such growth, like that of the individual human being, implies both continuity and change. It means much to me that the book's contributors belong to several generations.

It could be said that, in Scots, we have not one culture but many, and that with the fragmentation of the language we have registers ranging from the Doric of Aberdeen and its rural hinterland to the 'patois' of the urban west. The anthology is intended to celebrate diversity rather than to exacerbate division: its poets come from all over Scotland. I have no time for sterile rivalries between the regions; they get in the way of presenting the whole picture to our sister-cultures overseas. I would have dearly wished this book to be part of the UNESCO series of anthologies, many of which cover the smaller, lesser-known cultures; however, some years ago, the London government took the UK out of UNESCO. So Scottish culture, and Scots, continue to be remote from Europe and the rest of the world.

Yet outposts can attract interest because they are outposts. Consider two of the greatest figures of our century – Joyce and Kafka; they couldn't take 'belonging' for granted. The Gaelic poet Aonghas MacNeacail (born 1942) reminds us that marginalised cultures often produce the most significant literature: 'Because the society you live in is always outside, you are more acutely aware of the vulnerability of your identity – and critical of the "imperial identity". You are living on the edge – the edge of your nerves, of your imagination, of anger.'[1] There will be those who accuse Gaelic and Scots poets of paranoia, that occupational hazard of all artists. It may indeed seem a small matter that a monoglot reviewer, faced with collections of Scots poetry, will issue a curt dismissal on the grounds not of artistic failure but of language. It may be unworthy of notice that he then goes on to boast of his ignorance of that language. Yet replace books in Scots with those in another language, Flemish, Norwegian, Slovak, or whatever: would not our monoglot reviewer decline to judge them, aware that he was unqualified? He might even display a becoming humility at his lack. It is too much for him, though, to grant this grace to the Scots language.

I have seen examples of this kind of thing in the *Scottish* press. Fortunately the wider readership/audience for Scots work tends to have a warmer response, both at home – and abroad. I have just heard that a group of Danish *gymnasium* students, to whom I had spoken on poetry in Scots, are eager to learn the language; during our session, they had recognised so much in Scots that was familiar from Danish. At a European poetry conference in Belgium, my remarks on Scots attracted the attention of Ed Leeflang, a Dutch poet with a special interest in poetry in the Frisian tongue. I participated in the recent 2nd Faenza Folk Festival in Italy (June-July 1990), which was devoted to poetry and music from a variety of 'lesser-known' European cultures: one of its organisers, Andrea Fabbri, has translated Scots poetry into Italian. Nearer home, our metropolitan pundits are ostensibly opposed to 'chauvinism'. Yet they provoke that very 'chauvinism' by their supercilious dismissal of a nation's or a region's identity. Here is Hugh MacDiarmid (whom they ritually accuse of 'élitism'): 'The mass of the people will react all right if they get a chance. It is the stupid conservatism of their self-styled "betters" that is the danger.'[2]

The Gaelic word *dùthchas* has been defined as 'all that is passed down by heredity, including one's natural inclinations, one's land, and one's language'.[3] Such values may have suffered from the atomising power of western consumerism, but they are not thereby rendered irrelevant. Indeed, they become all the more relevant when people feel the effects of spiritual emptiness. Jung's theories, particularly of the 'collective unconscious', are to the point. That which has been driven underground will demand its place in the light.

> The Scots Vernacular is a vast storehouse of just the very peculiar and subtle effects which modern European literature in general is assiduously seeking and, if the next century is to see an advance in mental science equal to that which the last century has marked in material science, then the resumption of the Scots Vernacular into the mainstream of European letters, in a fashion which the most enthusiastic Vernacularist may well hesitate to hope for, is inevitable. The Vernacular is a vast unutilised mass of lapsed observation . . . It is an inchoate Marcel Proust – a Dostoevskian debris of ideas – an inexhaustible quarry of subtle and significant sound.[4]

MacDiarmid was writing almost seventy years ago but in the context of Scotland today he seems seventy years *ahead* of us; possibly less, if Scotland is to be part of the current resurgence of Europe's 'minority' cultures. Lorca, too, was a pioneer in this respect; his concern for depth, for resonance, is eloquently explicit in his essay on the *duende*. The echo of *dùthchas* in *duende* is more than merely alliterative:

> All through Andalusia, from the rock of Jaén to the shell of Cádiz, people constantly speak of the *duende*, and recognize it with unfailing instinct when it appears . . . Manuel Torres, a man with more culture in his veins than anybody I have known, when listening to Falla playing his own 'Nocturno del Generalife', made

> this splendid pronouncement: 'All that has dark sounds has *duende*.' And there is no greater truth.
>
> These 'dark sounds' are the mystery, the roots thrusting into the fertile loam known to all of us, ignored by all of us, but from which we get what is real in art . . . the *duende* is a power and not a behaviour, it is a struggle and not a concept. I have heard an old guitarist master say: 'The *duende* is not in the throat; the *duende* surges up from the soles of the feet.' Which means that it is not a matter of ability, but of real live form; of blood; of ancient culture; of creative action.
>
> This 'mysterious power that everyone feels but that no philosopher has explained' is in fact the spirit of the earth.[5]

The veteran Scottish poet and folklorist, Hamish Henderson, has remarked that 'it is not without interest that the Scots travelling people have an expression "the conyach", which exactly corresponds to the duende.'[6]

The ancestral; the subterranean. It seems to me that *dùthchas* and *duende* are blended in the Introspectivist Manifesto drawn up by American Yiddish writers in 1920:

> The human psyche is an awesome labyrinth. Thousands of beings dwell there. The inhabitants are the various facets of the individual present self on the one hand and fragments of his inherited self on the other. If we believe that every individual has already lived somewhere in one incarnation or another – and this belief is often vividly sensed by each of us – then the number of inhabitants in the labyrinth of the human psyche is even higher. This is the real life of a human being. In our age of the big metropolis and enormous variety in all domains, this life becomes a thousandfold more complicated and entangled. We Introspectivists feel the need to convey and express it . . .[7]

Scots language weaves its unique ways in and out of this labyrinth. At its best its journeys through time are more than antiquarianism, its journeys through space more than tourism. In the following pages our living makars look back to their forebears: Henrysoun, Dunbar, Douglas, of the Middle Ages; MacDiarmid, Soutar, Garioch, Sydney Goodsir Smith of the early to mid twentieth century; one of us even invokes Scotland's great Renaissance composer, Robert Carver. All this, however, is more than just looking back; it offers perspective and enables us the better to look forward. Past, present, and to come . . . the three parts of time are coalesced by what a *contemporary* Scottish composer, Ronald Stevenson, would call *sciomancy*, 'the art of divining the future from the shades of the dead'.[8] From the time-based arts to the space-based, and Richard Demarco, Italo-Scots visual artist and gallery director: he and his colleagues have reinvigorated the tradition of *Scotus vagans*, the wandering Scot, in his 'expeditions' – which take 'the road to Meikle Seggie':

> This road is almost impossible to find on any map. Indeed it could be said that Meikle Seggie does not exist geographically as a village or town. However it does indeed exist as a place-name defining a 'lost settlement' on a road that leads across the ancient ways travelled by cattle drovers, Roman legionaries and Celtic missionaries . . . Meikle Seggie . . . leads to that land which the Celts call 'Tir-N'an og', the 'Land of the Ever Young'; the Hebridean island-world where the midsummer sun has difficulty in setting. This marks the final north-western frontier of Europe. There the road will lead you back into the European heartland, to France, Italy, Poland, Hungary . . .[9]

In keeping with this flow of the local and the universal, the following pages include much European and world poetry which has been translated (or, more accurately, transcreated) into Scots.

When I refer, as above, to arts other than poetry, I do so out of a conviction that all the arts should meet, and that their ideal meeting-place is the theatre. I have written elsewhere of the need for 'Scottish poetry theatre' as a necessary complement to the Scottish Poetry Library and other agencies concerned with promoting poetry mainly in the form of print.[10] The physicality of Scots language – its energy 'from the soles of the feet', its onomatopoeia – is at one with the physicality of theatre – gesture, movement; think of Tom McGrath's concern with 'language as sculpture . . . as partial definer of space.' McGrath criticises much contemporary poetry for involving only 'talking heads – the body might as well not be there.'[11] I believe that more Scots poetry in the theatre could encourage the return to our art of 'the singing line', as well as narrative and dramatic strengths – all of which have either fallen into neglect, or have left poetry for other verbal arts. All too often we're left with the passionless, the super-cool, the clever-clever: chopped-up prose, neither fish, flesh nor fowl. To those who prefer such fare, the present anthology will seem unfashionable, even reactionary; as so often in art, though, in order to be truly radical one is forced to be conservative – and vice versa. Too much right of way has been yielded to the blandwagon.

That said, Scots poetry must not constitute yet another faction among factions. In *A Dictionary of Symbols* the Catalan poet and art historian, J.E. Cirlot, explores the significance of numbers: '*Three* ... symbolises spiritual synthesis ... it represents the solution of the conflict posed by dualism'; *three* has a 'reconciling function'. However, he goes on to suggest that the third element in a ternary can also have a 'destructive or negative' effect.[12] Gaelic, Scots, English: there is a latent (often expressed) rivalry of one against two, or two against one. Were Scottish culture to discover fully its confidence and its authenticity, each of these languages could act as reconciler of the other two, and we might at last celebrate MacDiarmid's ideal of 'unity-in-diversity'.

I have said little about the poems in this anthology; they can speak for themselves. Only living makars are included, and I have been concerned to give space to both senior and younger figures. The presence of so many female contributors should challenge the myth that the Scots language is a boys' game. I've tried to show that intellectuality and fun are far from being mutually exclusive. I once read, in the *Glasgow Herald*, a description of Scots as 'the language of the playground'; the writer was being condescending, but I'm wry enough to see the unintentional compliment. Poets exemplify *homo ludens*. We delight in wordplay, in guddling about in a language. We can have a grand guddle in Scots. If we lose that, we risk replacing seriousness with solemnity, and sacrificing imagination on the altar of rationality.

TOM HUBBARD
July 1990

NOTES

The above essay draws on my earlier piece, 'Poet and reader in a multilingual Scotland: the case of Scots' in *Le poète et son lecteur ... neuvième Festival Européen de Poésie 1987*, edited by Eugène Van Itterbeek (Louvain/Leuven, Belgium, 1988), pp. 154-161.

1 Quoted in Sue Innes, 'An diugh, is a maireach' ['Today, and tomorrow'], *Scotland on Sunday*, 10 December 1989, pp. 29-31 (31).

2 Hugh MacDiarmid, *Aesthetics in Scotland*, edited and introduced by Alan Bold (Edinburgh, 1984), p. 53.

3 Donald E. Meek, 'Land and loyalty: the Gaelic verse of George Campbell Hay', *Chapman*, no. 39 (Autumn 1984), pp. 2-8 (3).

4 Hugh MacDiarmid, 'A theory of Scots letters', *The Scottish Chapbook*, vol. 1 (1923), reprinted in *The Thistle Rises*, edited by Alan Bold (London, 1984), pp. 125-141 (131).

5 Federico Garcia Lorca, 'Theory and function of the *duende*' in *Lorca*, introduced and edited by J.L. Gili (The Penguin Poets) (Harmondsworth, 1960), pp. 127-139 (127).

6 Hamish Henderson, 'Lorca and *cante jondo*', *Cencrastus*, no. 26 (Summer 1987), pp. 7-10 (7).

7 Quoted in Gabriel Rosenstock, 'The notion of self-redemption: celebrating a manifesto', in *Lingue in Poesia: atti del convegno internazionale, 1° Faenza Folk Festival . . . 1989*, edited by Elio Cipriani, Andrea Fabbri and Giovanni Nadiani (Faenza, Italy, 1990), pp. 59-68 (63). In his paper Mr Rosenstock compares Irish and Yiddish language cultures. The same volume carries a useful essay by William Neill, 'Modern poetry in Scots and Gaelic', pp. 91-96.

8 Quoted in Malcolm MacDonald, *Ronald Stevenson: a musical biography* (Edinburgh, 1989), p. 90.

9 Richard Demarco, *The Road to Meikle Seggie* [Documentation of an exhibition of that name, including three French artists] (Edinburgh, 1990).

10 Tom Hubbard, *Towards a Scottish Poetry Theatre: a discussion paper* (privately circulated).

11 Tom McGrath, *The Riverside Interviews* (London, 1983), pp. 10-11.

12 J.E. Cirlot, *A Dictionary of Symbols*, translated from the Spanish by Jack Sage. Second edition (London, 1971), pp. 232, 236.

FURTHER READING AND INFORMATION

There are several very readable introductions to the Scots language, its long history and its current challenges: Billy Kay, *Scots: the Mither Tongue* (Edinburgh, 1986); J. Derrick McClure, *Why Scots Matters* (Edinburgh, 1988); David Murison, *The Guid Scots Tongue* (Edinburgh, 1977).

The indispensable reference works are *The Concise Scots Dictionary* (Aberdeen, 1985) and *The Scots Thesaurus* (Aberdeen, 1990).

For discussion of literature in Scots from its beginnings, see Roderick Watson, *The Literature of Scotland* (Basingstoke, 1984), and Cairns Craig (general ed.), *The History of Scottish Literature*, 4 vols. (Aberdeen, 1987–88). For the twentieth century specifically, see Alan Bold, *Modern Scottish Literature* (Harlow, 1983).

Poetry in Scots appears in the Scots Language Society's magazine, *Lallans*; newer specialist magazines or broadsheets include *The Gairfish* and *Scots Glasnost*. From time to time Scots work is published in such periodicals as *Cencrastus*, *Chapman*, *Lines Review*, *Scrievins* and *West Coast Magazine*. A range of cassette tapes of prose and poetry, mainly but not exclusively in Scots, is available from Scotsoun Productions.

The main organisation promoting Scots is the Scots Language Society. On a much smaller scale, Scots Glasnost runs an annual collogue in Dundee and issues occasional publications. International connections, particularly with other 'unofficial' language cultures, are actively pursued by volunteers in the SLS and Scots Glasnost. There are numerous other bodies and individuals concerned with Scots in diverse contexts – in libraries, education, theatre, the media, the folk scene. Many of the contributors to the present anthology are in various ways leading activists for the language.

Up to date information on the above, including current addresses, can be obtained from the Scottish Poetry Library, Tweeddale Court, 14 High Street, Edinburgh EH1 1TE (Tel. 031-557-2876). The Library holds a comprehensive collection of twentieth century Scottish poetry in Gaelic, Scots and

English, together with considerable international material. Its reference and lending services are open to all members of the public at home and abroad. A postal lending service is in operation, and there are small branches in a number of Scottish cities and towns. By prior arrangement, the SPL's van can visit centres throughout Scotland. The van carries a large selection of material for lending and for sale.

ACKNOWLEDGEMENTS

Our thanks are due to the following authors, editors, publishers and other agencies:

Flora Garry, Akros Publications and Rainbow Books for a poem from *Bennygoak and other Poems*; James Alex McCash and The Cadogan Press for poems from *A Bucolic Nickstick*; Forbes MacGregor for poems from *Four Gates of Lothian*; William and Norah Montgomerie; J.K. Annand and Akros Publications for two poems, one from *Poems and Translations*; George Bruce; Lilianne Grant Rich and Rainbow Books for a poem from *The Horn Speen*; R.S. Silver, P.H. Scott and The Saltire Society for extracts from *The Bruce*; R. Crombie Saunders and Donald Goodbrand Saunders for poems, some from *The Year's Green Edge*; T.S. Law; Tom Scott, the Editor of *Scotia Review*, Oxford University Press, *Jabberwock*, and the University of Tübingen (Dr Scott's 'Ahab' appeared in *The Ship and Ither Poems*, OUP); William J. Tait and Paul Harris Publishing for poems from *A Day Between Weathers*; William Neill, Gordon Wright Publishing and Urr Publications for poems, some from *Making Tracks* and *Galloway Landscape*; Athole Cameron and Midlothian District Libraries; James Russell Grant and the 'University of St Pancras', for a poem from *Hattonrig Road*; Ken Morrice and Rainbow Books ('The Dook' appeared in *Twal Mile Roon*); David Purves and the Editor of *Akros*; William Wolfe; David Angus and the Editors of *Lallans* and *The Scottish Literary Journal*; Alastair Mackie and the Editor of *Lines Review*; Ronald Stevenson; Rhoda Bulter and The Shetland Times Ltd.; Carol Galbraith and the Editors of *Lallans* and *Lines Review*; Jim Kay and the Editor of *Orbis*; Stewart McGavin, Brenda Shaw, and Taxvs Press for a poem from the Dundee anthology *Seagate II*; Sheila Douglas and the Editors of *The Scot-Free Magazine*; John Manson and the Editors of *Akros* and *Lallans*; Duncan Glen; Ellie McDonald and the Editors of *Chapman*; Douglas Kynoch, *The Aberdeen University Review*, the Charles Murray Memorial Trust and Rainbow Books ('Nine Gweed Rizzons' appeared in the anthology *The Living Doric*); John McDonald; Donald Campbell and the Netherbow Centre; John Milligan; David Morrison and *New North*; Alan Bold and Wilfion Books for poems from *Summoned by Knox*; Kenneth Fraser; Alexander Hutchison; Roderick Watson, the Editor of *Akros*, and M. Macdonald (publishers) ('Villon in the Grassmarket' appeared in *True History on the Walls*); Kate Armstrong and the Editors of *Chapman*, *Lallans*, and *Scottish Poetry from Macgregor's Gathering*; David Ogston; Sheena Blackhall, Keith Murray, and Rainbow Books for poems from *The Cyard's Kist* and the author's subsequent collections; Maud Devine and the Editors of *West Coast Magazine*; Janet Paisley and Rookbook Publications for poems from *Pegasus in Flight*; Ron Butlin and EUSPB for a poem from *Creatures Tamed by Cruelty*; Harvey Holton and Three Tygers Press for extracts from *Finn*; Donald Goodbrand Saunders; Robert Calder and the Editors of *Chapman*; Tom Hubbard, the Editors of *Tratti* (Faenza, Italy), the Editors of *Poetry Ireland Review*, and Aberdeen University Press ('The Retour o Troilus' appeared in *Four Fife Poets*); Bill Sutherland and Clydeside Press for poems from *A Clydeside Lad*; Raymond Vettese; Billy Kay; Tony McManus and John Greig for poems from *To Paint the Green Hill Brown* (a Songs From Under the Bed tape); W.S. Milne; Neil R. MacCallum; John Murray; James Reid-Baxter, Cappella Nova, and the Editor of *Tempo*; John Brewster and the Editors of *Scots Glasnost*; William Hershaw and the Editors of *Scots Glasnost*; Robert Alan Jamieson and the Editors of *Fox* and the Edinburgh District Council Arts Outreach magazine; James Robertson and the Editors of *Cencrastus* and *Lallans*; Robert Crawford; Mike Cullen; David Kinloch, Eugenio de Andrade, and Verse (publishers) for poems from the anthology *Other Tongues*; W.N. Herbert; Matthew Fitt.

We have sought conscientiously to trace all copyright-holders. In the case of inadvertent omissions, we offer our apologies; we should be obliged for information on such oversights.

Note to researchers. Further bibliographical details of previous appearances are available from the editor at the Scottish Poetry Library (address in FURTHER READING AND INFORMATION section); he can also indicate which items appear here for the first time.

This anthology could not have been compiled without the resources of the Scottish Poetry Library.

For continuous cooperation and encouragement throughout this project, the editor would like to thank Dr Tom Johnstone, Seán Costello and their colleagues at James Thin/The Mercat Press.

FLORA GARRY (1900)

THE CAT

A free translation of 'Le Chat' from Baudelaire's
Les Fleurs du Mal

Big, bonny cat-beast, douce an tame,
Ye wander roun' my kitchen fleer
An wander throwe my thochts; I'll sweir
That there ye've fun a second hame.

Fyles ye myurr-myurr to me my leen,
Your quaverin myowies thin an sma,
Sae saft they're scarce a soun' ava.
Ye're couthy in your fraisin teen.

Bit fyles your birss begins to rise
An rummlins fae your thrapple birl
Wi fearsome gurr an feerious dirl
Like thunner rivin simmer skies.

Fin I'm owercome wi warldly care
An dwine in dark despondency,
Ye'll come, my cat, an purr to me
Your three-threids-an-a-thrum I'll hear.

An syne my waesome wechty fraacht
Growes licht, your sangie warms my veins
Like some aul' ballad's liltin strains
Or like a love-brew's heidy draacht.

I've h'ard fiddle tunes sae rare
An sweet they'd thowe a hert o steen
An fire the caulest bleed, bit neen
Wi yours, my Bawdrons, can compare.

Ye're a dumb brute, nae wirds hiv ye,
Yet a' the joys by Man e'er pree'd
Your tongue can tell; na, ye've nae need
To spiel a lang langamachie.

Cam ye fae some idder warl,
Mysteerious, oonchancy cat,
A speerit-craiter withoot faut,
To me, a feel, roch human carl?

This hoose is yours, the gear, the folk
Ootside an in, baith but an ben.
A' wir concerns ye beet to ken.
Are ye a god or deevilock?

I min' ae nicht, fin straikin ye,
Your coat o yalla tortyshell
Ceest on the air a balmy smell,
Its sweet reek yoamt a' ower me.

To watch ye is a richt divert,
My een as by a lodesteen draan.
Siccar ye grip me, an I'm thraan
To turn to my ain thochts, to pairt

Fae you. Bit still an on, I'll see
In my min's benmost neuk, I'll sweir,
Like bleezin cwyles o caul' green fire
Your twa een glowerin stracht at me.

JAMES ALEX McCASH (1902)

FIRST THINGS FIRST

Husbandry, in the Grey of a Winter Morning.

Latent: germinant, the foetal, crescive dawn ablow
  dull leiden cloud quickens, crepusculine.
Vital, brent-new, wind buff'd intill the
  cauldrife, hyperboreal licht;
Sterling-midwived by the ferme-yaird's scaudin,
  self-assignit muezzin,

Like Moslem Crier, mock-minaret-poised
  on his byre-vent prospect high.
His rotate heid and snip-snap gape,
  thro rimy dormer-gless you micht espy
And flichterin wings; or, silent sash up-heezed,
  eavesdrop his priestlike, channering routine.
Grey daylicht: blench progeny of lemon-coloured
  Helios and wintrous, black-avizit Nicht.

Ae reistless maw, ae neck-chain's clink,
  ae beist's hiccough,
Rising hindquarters-first to bate
  the neck-chain's thraw,
Full-mouth'd, airch-back'd, and full-bell'd mugiency:
  Man, beist, and fowl slough off,
Like ferlie princess kiss'd, the ferme denizens'
  sleepery trance in winter raw.

Belyve, across the yaird, the louable, warkly
  horses stale, and a-tiptoe streel docilely
At their plewmen's reprised '*B Flat, G Flat*' whistle;
And the barrowed, aromatic dung, and acrid,
  soakit bedding straw
By hand (mine aince!), frae byre grip and stable
  staw is, or five o'clock, a-wheel.

You blench at such bucolic, creatural themes?
  But think!
From graceless midden's exothermic alchemy
  and stink,
These husbanded, by action catalytic, do resurrect,
To nestle as rose in deep-bosom'd posy;
Cabbage boiled, season'd, esculent wi melted
  butter – Ah! – and mangled;
Or – to differ from imperious Caesar, dead! –
  perchance new fangled
Into such tired-and-deid-dune Drunk Man's
  promptuary Thistle,

Will Biggar's sevenfold octogenary poet raise –
   Anew! – upon his mettle;
Perfume June's tardy bride and qualmish groom
   to hymenaic fettle;
      Or simple button-hole to grace
         a motor-salesman's lappel;
      Or Sunday-lunch's *vegs.* for you, and me,
         and siccan kittle cattle;
      Or crowds of golden daffodills;
         or Venus' golden apple!
Ferme dung's nae saint, but it, like ferlie kiss,
   works mony a miracle.

THERE IS A TIME TO WEEP, AND A TIME TO SMILE
(Ecclesiastes, 3, IV)

Adapted from the Persian of Jalāl-uddīn-Rūmi

Circuat aboot bride's gizzen-bed fertile
Neir-bluids, wi bite and sup tae wat your heid.
Tidy and boukit, bride's tocher's an heir indeed;
Proud, proven pair! Sae *a'but you* did smile;
      Glaur'd, naked and slapped,
      Then dichted and happed,
You sprauchled and gasped and girned and grat ootricht.

Vertuous til eild: when wan-cheek'd daith-clap's neir,
Dwined past remede, *alane you* calmly smile
They, dule and mane, unhairtsome roond the bier,
Lay by the bride sidelins, in effectuous exile –
Fate's gude-will atteiched – their saikless
            sair-socht fere,
         Chaft-bound, austere,
      Attoure Life's awsome mere,
Upgien until a clay-cauld, un-appealable nicht.

FORBES MACGREGOR (1904)

MACLEAN THE CIRCUS POWNIE

From the Dutch of Edmond de Clercq

Mair dowf on eird there isna ony
Nor wee MacLean the circus pownie,
Wha on the sawins o his flair
Maun dree his weird for evermair.
Ay by his side there hings a bell
That ca's him frae his crampet cell,
But a' the time he's sair hame-seik;
Oot-through the stable lantron's reek
He sees the unhained Hieland glen
He brookt or he was glaikt by men.
His turn is ower; clowns, claps; plumes flicher;
He gets his pey, a taet o sucker.
O God, be witness to this wean,
The doon-borne circus-horse MacLean.

TWAL OORS IN PARADISE

The Lord's taen up twal stane o stour
To mak a man within the oor;
He filled it neist wi bluid and sweit
And stude the cratur on its feet;
"For twa oors noo gie nomenclature
Tae a' the bestiary o nature!"
Then God gied him an oor's sedation,
Cut oot his rib for Eve's creation;
When he awoke the simple eediot
Fell deep in love and wed immediate;
For three oors without kirk or papers
They cut some matrimonial capers,

Though Eve foond time 'twixt copulations
To share wi Satan fruit collations;
Wi knowledge o the guid and evil
She glaikt puir Adam to the Deevil,
And or the nock had chappit twice
God pit them oot o Paradise.

WILLIAM MONTGOMERIE (1904)

WINTER ROSE

The winter snaw is in ma hert
    within ma hert within ma hert
The spring rain rots ma hert
    an I am cauld cauld
An autumn bud is faur ower late
    faur ower late faur ower late
an autumn bud is faur ower late
    an I am auld auld

Aroon me are the reid leaves
    the reid rose leaves the reid rose leaves
aroon me are the reid leaves
    the rose leaves o' spring
abune me are the ash flooers
    the ash flooers the ash flooers
an there amang the ash flooers
    a Merch mavis sings

White rose o' the deid year
    deid year deid year
white rose o' the deid year
    white owl at noon

deid as I sall sune be deid
          sune be deid sune be deid
deid as I sall sune be deid
          as the white mune

J.K. ANNAND (1908)

YESTREEN I DREAMED
Ich hab die Nacht getraumet

Anonymous early 19th century German

Yestreen I dreamed a dream
A dream was ill to dree;
There grew intil my gairden
A tree o the rosemarie.

A kirkyaird was my gairden,
A grave my bed o flouers,
And frae my green tree's brainches
The flourish fell in shouers.

In a gowden bowl I gethert
What flourish I could hain;
The bowl slipped frae my fingers
And smashed upon a stane.

There saw I pearls skailin
And draps o bluid sae reid.
What can my dream betoken?
– My dearie, are ye deid?

PURPLE SAXIFRAGE

Aneath a hap o snaw it derns
Deep in a dwam for maist the year
To burst throu in a bleeze o starns
Syne skail its flourish on the stour.

Gif I had ae short simmer o sang
Wi hauf the beauty o thon flouer
In the snaw o eild I'd hap my tongue
And haud my wheest for evermair.

GEORGE BRUCE (1909)

WEYS O SELF-PRESERVIN NATUR

We socht for bait on the bay sands, braid
ahint the far-oot sea, whiles at nicht-fa
and the mune up. As the sanle leapt
oor haunds flasht, and they like lichtnin
back to their sand hame, but agen and agen
the graips threw up sods o sand
and his loons catcht the sma fish in air
or they dove, like they were siller needles,
richt through thon thick sog oot o sicht
and deep doon and never seen agen,
and we thocht naething o't.

We socht for safticks for bait, green backs
noo slippit oot their hard shalls that floatit
in the shallow pools whaur the flukes bided
on the sand, *that* like the sand that nae ee
kent ane frae tither, til lang staunin cauld
in the watter a ripple kittled the sole
o my fit and I catcht her and pit her in my pail

and saw the speckles on her like sand
and teemed her back and saw her soom awa,
and we thocht naething o't.

Yestreen oor telly took's tae keek aneath
the watters o Chesapeake Bay to goggle at
a monster screen-size crab witin on's love
but she scrawled by him on the sand
and oot the frame, syne in agen and oot
the tither side, and in agen as she were
blin tae him and what he's aifter. Sudden
his preen-heid een on stalks stare oot.
Sudden he hauds her tae him in's iron airms:
syne naething: nae muve. For twa lang days
she's in the jile: syne her carapace, jist that,
heists itsel aff her body, sae it seems, floats free
yet agen they're rock-still till she, gentle
 – and delicate in her saft skin – turns ower
aneath her man; and he nae monster noo,
his grip lat go, wites, respectfu o his dame,
or frae her sel soom up thae eggs
that mak himsel tae spew oot the milk
tae fertilize, ensure the continuity
o the tribe Brachyura: this the climax
o their ploy, they unkennin that I and millions
geck, and whiles I watch, my guid-wife puts
into this auld haund a clam-shall fossil
brocht tae Edinburgh frae Chesapeake Bay,
one hunder and fifty million years auld.
Aince there stirred under this shall – life.
I thocht o the bearers o the chyne o life
that would gang on and on or lang deid this haund,
and yet the mair I vrocht at thocht
the mair I kent hoo peerie was the thocht.

Blin boozed-up his faither struck him
time and time agen, and he was oot the door.
He struck oot sooth. The lift gaed the wrang wey,
turned aff tae a side-road, syne intae a sma glen.
He slept in the lea o a stane dyke, a burn ran by.
Mornin. The mist was risen afore him, mixed in
wi the floorish o gean and blackthorn: bird sang,
teuchats flapped aboot the derk plooed fields,
lambs bleat frae the green field tither side.
He gaed nae heed: he's on his wey tae the A68.
She tell't him the A68's for lifts. Noo
in Lon'on toun she's in the moneys there,
and her wi freens. 'Mither o God!' she said.
tae her pimp, 'I'll no dae that.' And him,
'Christ then ye're for't. I'v dune wi you.'
Hoo mony gang their weys tae the gowden city?
He fund his wey til't a'richt. A wrang!
Whaur, whaur his hame, his shall o comfort,
his ingan residence o love? There by the staney banks,
(Sweet Thames run softly til I end my song.)
he bides aneath the airches o Westminster Brig.
Up-by the Palace o Westminster, Mither o Parliaments,
and mither at the tap eidently protectin her brood
frae the storms o divisions in retour for lealty,
as we ken noo, seein their doups jig up and doon
frae green upholstery, theirsels upholstered weel eneuch,
makin just laws preservin them that his and them
that hisna as they are, but mair-so the noo.
This their naitral hame, if no quite that, the place
where maist they ken themsels, at the hert o Lon'on toun.
London, 'Sovereign of cities, semeliest in sight.
Above all ryvers thy Ryver hath renowne,
Whose beryall stremys, pleasaunt and preclare,
Where many a swanne doth swymme with wyngis fare.
Upon thy lusty Brigge of pylers white
Been merchauntis full royall to behold.'

And upon heich the pillars o Society: plc,
wha haud the cairts, them a', and unnerneath discairds,
members o the Free Air Sociability Society,
unlimited – free stinks, free quarters, ludgins
shared by a' creepin things – winos, wide-boys,
crack addicts, chancers wha didna tak their chance,
traivellers wha's traivellin's ended, a deein man
wi a dog, a lassie wi a bairnie at her breist –
and him, nae prodigal, but pit-oot: his nicht-hoose,
dwallin place, a shauchle o caird-board boxes.
'A stound o pitie gaed tae the hert,' quo Lorimer.
For him was nae retour, nae forgien faither,
nae hame in the black hole o angst whaur
bided his progenitors; they wha catapulted him
intae this life or daith or mixter-maxter o the baith.
'Faither, forgie them, for they kenna what they dae'
The crab, the clam, the sanle, fluke unkennan ken.

LILIANNE GRANT RICH (1909)

FROM THE CLIFFTOPS

There at its heichest sclims the rinnin tide
Scatterin the bairnies' game –
Slappin the fisher-hooses' side
Wi green-white faem.

Skirlin and lauchin, ilk wi spindrift weet,
At the waves' edge the bairns their taes try in;
Syne, gin its creep micht catch their swippert feet,
They loup and rin.

Noo maisterfu, the floodtide saut-flung sea
Haps ilka glintin rock oot ower its heid
Like wreaths o white flooers on the coffin tap
O them that's deid.

R.S. SILVER (1913)

FROM THE PLAY *THE BRUCE: ROBERT I KING O SCOTS*

(1) BRUCE ACCEPTS THE KINGSHIP OF SCOTS
(Act 1, Scene 4)

WISHART: . . . Robert Bruce
The Earl o Carrick, noo withoot dispute
The only heir tae Scotland's ancient throne
Efter the absolution o his sin
An keepin penitent therefor withoot remiss
Maun tak the symbols o the Kingly state
Be crooned at Scone wi oor maist richteous sanction
And then set ilka vein an thocht tae win
Oor freedom fae the foreign yoke. His duty this
Whilk he maun e'en complete or dee in tryin
My Lord – will ye accept this burden?

BRUCE: In fower sma days a man can live fower lives
A mist can wanner him inside an oor
An clearin wind reveal within a meenit
The lie o aa the land. An sae hae I
An sae has it been wi me. Fower lives
The first, fower days ago that dee'd, I was
An earnest Knight, self disinherited
Aa set i resolution tae wark oot
The plan we made wi Comyn. Suddenly
Fause letters o betrayal stranglet me.
An syne the second life a questin shame

Askin hoo it suld be that Scotland's cause
Sae aften was cast doon by her ain fowk.
An then a roarin flood o anger drooned
That seeck and dowie man ootrageously.
And so a sacrilegious murderer was born.
The third and monster o that company
Wha thocht tae live forever i the hell
O sin intrinsic. Wannert i the fog
O hopes destroyed an darkness aa aroond
Until you spak the noo an wi ae stroke
Sent wraiths o mist aa scurryin awa
An showed hoo yet a fourth life can be born
On this fourth whirlin day. Ane that can laist,
A life o dedication that can mell
Aa ither three thegither an resolve
Their separate clamor intae harmony,
Tae tak the spirit o the first as guide,
A readiness tae plan an fecht for richt
Tae scatter aa the questions o the second
By showin answer that some Scottish fowk
Will never cast her doon. An for the third
Bear penitence through aa the hale o life
An justify the act by freedom won
Or daith gained i the struggle. Tae that end,
An strengthened by the due acknowledgement.
The loyalty ye aa hae shown tae me
I sall assume that croon o Kingly state
An pray that I may fit the honour o't.

(2) KING ROBERT I ENVISAGES THE DECLARATION OF ARBROATH

(Act 3, Scene 2)

KING: We hae gaen faur
An chartit weel oor course. Twa principles
We hae established. The first is tae the Kirk,
That e'en his Holiness the Pope maun gie accoont
O judgments an o actions. Reverence tae him
Suld no suspend the conscience i the hert
That guides through guid an evil. Secondly
What's true for Kirk hauds fest for State. A King
Wha by his birth has claim tae rule a nation
Maun e'en acknowledge that the self-same birth
Is symbol o the nation's claim on him.
The claim that he maun succour an defend
In ilka wey their life an liberty
Whulk if he canna dae, or wullna dae
The nation can disown him and appoint
A ruler fit tae match its mind an hert.
Thae principles condense fae aa oor wars,
Fae forty years o fechtin, like twa rivers
Flowin fae source i mist an thunner clouds,
The sun sheens aff them – i their depth can sail
The commerce o the warld – an on their banks
Braw cities can be built o stane. This document
O oors maun set them doon withoot mistak
Thae truths that we hae come tae understand
Only wi heavy sacrifice. Thae truths it is
That England threatens wi her greed for size.
I see the Bishop's vision noo, an share
His fear o what it means tae us. They'll try
Tae crush oot ocht that's different fae themsels.
The warld suld sheen i colours bricht an braw
A rich, prood, tartan. They wad hae it aa
Ae single greyness spattered ower wi bluid.
An this is no a thing that soon wull pass

An then lave us i peace. They wull keep on.
An though we may succeed against her noo
The same mad greed micht spring in ither states.
A vision terrible it is – an yet I doot
Gey likely be true, unless oor deeds
An words gie fiery warnin tae the warld.

R. CROMBIE SAUNDERS (1914 – 1991)

SONNET

Dear nou, gin sic response were aa I kent
As micht intern my life in povertie,
Lackan bot luve, I wad be weel content;
I hadna then this sair perplexitie.
An tho fordelyd langin rocht my hert
Wi thinkin o that ither happy day,
I hadna fund in treason sae apert
Ane servitour wha staw my traist away.

Or gin mysel an luve had ches to flee
Out o thy hert thegither, I wad dree
Mair lichtlie tho my gledness suld be skaith.

Bot och, the ghaist that glowrs in our bed
Is o a bairn wha lang embraced us baith
An nou is rengan in his faither's stead.

THE DERKENED UNIVERSE

The eident licht endlang the simmer yird
Liggs sairly on a hert that canna see
Beyont the shaddaw in the valley's briest
Whaur daith has twin'd your luveliness frae me.

The laverock wi sunsheen in its tongue
Sings vainly for a hert that canna hear
Abune the sough o branches in the wuid
A music that wad tell me you were near.

Warlds frae the lyft hae fled, an sterns gane black
Sen yesternicht, bot anely God can read
In the derkened universe o my tuim hert
What galaxies He ended whan you deed.

AN AULD SANG'S IN MY THOCHT

Frae Heine

An auld sang's in my thocht
That tells o dule an skaith:
A thane wi luve's distraucht,
Bot luve's forouten faith.

As trowless he maun lichtlie
The dear luve o his hert,
As shamefou he maun richtlie
Regard his ain luve-smert.

He fain wad front the field
An caa them til the stour:
"Let him assay the shield
Wad haud my luve a hure!"

Then brak the mensefou silence
Anely his ain despair,
Then was his sword's keen violence
His ain hert's adversare.

THE SHILPIT MUNE OF AUTUMN

Frae Heine

The shilpit mune of autumn
Keeks wanly thro the mirk,
The manse stauns bien an doucelik
In the yaird ablow the kirk.

The mither reads in her Bible,
The lad at the lamplicht stares;
The alder dochter's dwynit,
The yinger lass declares:

"Och, God, sae dowf an langsum
The days gang by for me!
It's anely at a yirdin
Hae we onything to see."

The mither looks frae her buik then:
"Nae lass, bot fower hae deed
Sen your faither they hae yirdit
Doun at the graifan-stede."

Then gantit the alder dochter:
"I'll no be stairvit here;
The morn the laird'll hae me,
He speird an has muckle gear."

The son brak out in lauchter:
"There's a twa-three chiel at the inn
Can mak a hantle o siller
An'll show me hou it's duin!"

The mither lat flee her Bible
Straucht at his narra face:
"An wad ye be a riever
And bring us this damned disgrace?"

They hear a tap on the winnock,
They see a beckonan wraith:
Outbye stauns their deid faither,
Hapt in his black priest-claith.

I DINNA HAUD WI HEEVIN

Frae Heine

I dinna haud wi heevin
By meenisters weel kent,
Your een are aa the heevin
That maks my firmament.

The God the parsons prate o –
I ken he is a lee;
Your een I haud my faith in
An nae ither god can see.

I canna credit Satan
Nor Hell wi aa its smert:
Anely your bricht een glentan
And your cauld black bitch's hert.

T.S. LAW (1916)

THE SODGER

Fae the Afrikaans o Uys Krige

In siccan a dreech ootlin orrie airt
ane wurld an groo but growthieness
that skyles in aa its sairie stanes
or the groo gangs lirt i the luft
sae nane may lippen ont,
his leefou lane
alang the stoorie pad
traiks
the lane sodger lad.

Abuin is the furst nicht staur,
abuin Fort Wajier liggin awo sae faur.

Alanerlie
the lane sodger lad
his leefou lane.
His leefou lane
wi a wurld o dool an luve
yirdit apairt
in the howff o his ain hert
that nane save he can prove.

His leefou lane
dreechlie in the desert dayligaun
that sweels aroond him lik the groo scaum
o the sperflin stoor
as the heavie ammo buits plowter the saund attoore.

An Fort Wajier
  – oasis alane in this haill wilderness
whaur ilka bink an rowe o the camel pad maun gang,
whaur nuintyde murls amang the leafs in the sooch o a saft wuin,
whaur aathing cawed tae the hunkers wi heat funds beild tae byde
    in;

ane airt alanerlie whaur the palms skinkle siller i the muin, an
whaur deep, deep, doon aneath the stye black waas, the whyte
waal watters hain in;
anerlie the yin snode airt
whaur leerielicht, guid watter an scran, an the crack o men
pleesure the hert –
aneath the furst nicht staur
liggin awo sae faur.

Wi his helmet on his heid,
bandolier roond his breist,
watter-bottle on his hip,
rifle ower his shoother,
he traiks amang the stoor:
a groo-graithit taet
againss the mair groo
o the ondeemas luft,
o the doore orrie erd
in sicna groo border
whaur the nicht
mells a weird wi the bricht
as the licht aye maun sperfle
amang the groo scadda.

Abuin is the furst nicht staur,
abuin Fort Wajier liggin awo sae faur.

A groo-graithit taet
gainss groo-graitht creatioun.
An the sodger traiks on,
traiks on
aye traiks on
alang the stoorie desert pad,
and his scadda raxin slawlie an siccarlie,
cawed attoore the groo pad
ower a binsh o broon lavastane,
intil the thorn buss.

The sodger's scadda
faas ower the desert.

The sodger's scadda
faas ower Africa.

Stievelik an sterklik an black wi aa dreedour,
ower the haill wurld
faas the sodger's black scadda.

Abuin is the furst nicht staur,
abuin Fort Wajier liggin awo sae faur.

On the Somaliland border,
December 1940

FAE SECTIOUN I O THE POEM *FREEDOM AT LARGE*

A whylsin back that wasnae faur
as haednae seen the furst new caur,
whuin monie coals were gy nearhaun
the surface o the grallocht grun,
the maist o colliers' hames were haundie
til pitheid, juist abuin the cundie;
an colliers' pieces, lyke thur myns
were juist made-up in aa thur kyns
the ilka day, an sent doon ben
toom rakes o hutches inbye gaein
   ginn piece-timm at the darg alow
   whoere collier bodies wrocht awo
   contrack, or oncost keekiebo.

A better piece this gied the men
   nor onie auld, cauld, cairriet yin
   athin a flask an piece-box tin
a man wuid pootsh whuin gaun his ben

bi dook or cowssie brae, ye ken,
   the lyke are neever seen abuin.

Siccan coal-hyuchs thae days were caad
the ham-an-egg pits bi the laud
that taen his faither's byte ower screes:
thae pits were maistlie ingaunees,
   af coorse, an no whit we wuid caa
   richt pits tae wrang the wurd avaa,
   for weel we ken the wurd is law.

In thae days whuin a collier man
was crusht an killt alow a stane,
the-tyme wi sploongein, swaetie sark,
gurriein, he wrocht at the wark,
the neebor wurkin wi him was
the yin wuid gan til 's hoose because
   altho laich-spreitit as be laith,
   he'd hae tae tell the relict daith
   haed whummelt-oot her paer man's braith.

This was a sairlik jobe tae tak,
an gif the chiel was no sae swack
o mynd as caw gy caunnilie,
but gabbit gyan coorselik, say,
   he'd finnd the waefou news as ill
   tae tell as sair tae speil,
   as ill tae brekk as mend the deil.

Siccan a cullan's neebor yince
Was nichtit yae day nae day since,
suin efter yokin til 't for treisure
folk caa "black diamonts" in thur leesure,
and it was piece-timm comein on
ginn yon ill-speiler chiel, ongaun
chap-chappin at the deid man's hoose,
gaed ben syne for tae tell his news,
   an fund the paer wyfe-bodie thare
   as rosie-faced as ruid o hair,
   makkin her man's piece at the fyre.

"Oh, it's yersel, John!" syne s'she,
an lukit-up at him, tae see
   whit garred him caa ben hoose lik that,
   as black as onie luckie cat,
   yit lukin duin an doon an flet.

Her vyce, a wee thing aff-puit, soondit
as tho she kent she 'd be fair-stoondit,
for this was nae croose social caa
tae gar the lachin hit the waa.
   "Ay, Jean," says he, "It's me masel"
   an spak wi sic an awfie fell
   was sair tae hear as ill tae tell.

Thare was a doverie, dull quaet,
a stoond o silence at the grate,
the man no kennin whit tae say,
the wumman feart whit was adae,
   an stuid as suddentlie fair-baet
   tae speir whit was 't she kent intaet,
   thon muckle daith that's man's estate.

At lenth, the man keekt at the fyre,
said, "Jean, whit's that ye're daein thare?"
   "I'm roastin a wee bit cheese," s'she,
   "tae kitchen Jamie's piece an tea.
   It's no that muckle, as ye see!"

"Ach, Jean, ye neednae bother, hen,
for this I'll tell ye: ye'll can ken
he neever will chowe cheese again."

THE MAKAR

(Nae makars but deid yins)

Fae the Afrikaans o A.D. Keet

Noo here it was a makar stuid,
here he bidd . . . .
afore he gaed.

But was he a makar? Man, I'd swither,
for aabodie kens we kent his faither.

It's droll that makars suid lie doon –
deid lik yon . . . .
afore they staun!

TOM SCOTT (1918)

LA CONDITION HUMAINE

When ye think o this unkent Realitie,
This Universe in aa its mysterie,
The Earth's but a grain o sand in an endless shore
And a candle in the mirk is aa man's lore.

The yowl o a wolf in the vast Siberian nicht,
A blin bairn's yammerin for the licht,
A beggar's chap on a tuim mansion's door,
Or a candle in the mirk, is aa man's lore.

Your firmest Faith is but a dwaiblie notion,
A raft adrift upon a meisureless ocean
That's never kent a sail nor an Argo's oar.
A candle in the mirk is aa man's lore.

Whit's aa your Art but a vaigin in the mirk
By the saul launcht oot frae its lang ootworn kirk
And batterit by the typhoon's rage and roar?
A candle in the mirk is aa man's lore.

Aa your Science, aa your philosophie
Are smoorit deep in faddomless mysterie
And aye will be, as aye they've been afore.
A candle in the mirk is aa man's lore.

Look whaur ye will, the wycest and the best
While here on Earth as Nature's fleetin guest
Kent that, houeer his thocht aspire and soar,
A candle in the mirk wes aa his lore.

Sae Lao-tse saw in water the livin force,
Shapeless yet shapin, rules the cosmic course,
And in Science saw but a seductive whore.
A candle in the mirk he kent oor lore.

Yon Thracian singer, Orpheus, left forlane,
Cried for his buried nymph to rise again
But his yae owrecome and answer wes *no more*,
A candle in the mirk his bardic lore.

Even Siddharta, the 'enlightened One',
Kent that, compared wi yon supernal sun
Whase beams throu the entire Creation pour
A candle in the mirk was aa his lore.

Sagest amang them aa, great Sokrates
Claimed to ken but naething aa his days
Yet he wes named the wycest Greek of yore.
A candle in the mirk he deemed his lore.

His giant disciple, Plato, wad confess
The same, or else that he kent even less,
Tho the wecht o the real (the ideal) world he bore.
A candle in the mirk wes aa his lore.

And Rabbi Yeshua, for God mistaken,
Found himsel on the cross by God forsaken
And died despairin, in anguish and in gore,
A candle in the mirk his Essene lore.

Mahomet, when his hour cam, couered to hear
The angel's words, and hid his face in fear
Kennin that, like his ee in the robes he wore,
A candle in the mirk wes aa his lore.

Your gurus find their Universal Way
No in ony science kent the-day
But hidden in the dern lotus' core.
A candle in the mirk they ken oor lore.

The mystic seekin union wi the Haill
Nae better deems the broker's manic yell
Nor the opium-addicts's world-forfochen snore.
A candle in the mirk he rates oor lore.

Einstein, Whitehead, Russell and mony anither
Kent but little mair nor his bushman brither
Compared wi aa the Cosmos hes in store.
A candle in the mirk wes aa their lore.

See aa yon academic chiels wha prink
And preen in snobbish clubs, whit tho they think
Their barren minds O so superior –
A candle in the mirk ootshines their lore.

And you wha think that God, like Everest
Can be spieled up and taen by man's conquest –
Huntin whales on the muin's a lesser chore.
A candle in the mirk is aa your lore.

Or you wha dream the finite human brain
The haill o the infinite Cosmos can contain –
Gie up sic pouer-notions, amadan mhor!
A candle in the mirk is aa your lore.

Sae we guests here on Nature's sufferance
Maun treat oor Hostess wi due deference,
Aye mindfü o the unpeyable debt we owe her.
A candle in the mirk is aa man's lore.

AHAB

Yon day when, iron-fast til Moby Dick,
The fleean whale-line clawcht him frae the boat,
He didna dee. Even afore the water
Closed abuin his heid, he'd got baith neives
Ticht on the stentit rope, and free'd his haus.
Syne he micht hae saved himsel, and gien
The baest the slip, but, like his hands, his harns
Siezed on the rinnan line, as mongoose chaps
On a cobra lock till daeth, or till it wins.

Doun throu deeps nae man had ever seen
In the wauk o the whale he gaed, a clod o earth
At the tail o a kite in a windy sea o sky.
Whether it wes that God syne heard his prayer,
Or her that saved Ulyssie frae the swaws
Petied this cheil tae, I dinna ken,
But ken some ferlie spell kept him frae daeth.

Past trees o coral, sunken hulks, he gaed,
And fishes' maws grew rounder at the sicht.
Hermit-crabs fair couried doun frae them,
Dauphins skelpit awa like fleggit queyns,
And sharks, like spivs, that hear the siren scream.

The ferny weeds theirlane stude aye still
Or boued their crouns, as thir twae whuddit bye,
And the pearly argonauts on the surface swaw
Felt nae reeshle o the steir ava.

Bylins the rush wes owre, and Moby Dick
Surfaced, forfochen, lowdert, seik wi pain,
And lolled in the lea o an unkent coral isle.
He had nae thocht but he had left ahint
His enemie, to perish in the sea,
Until the heid o a lowse harpoon he'd trailed
In the taigle o gear that gey near coatit him,
Found his hert, whaur Ahab had at last,
Sclimman up the baest's hauf-senseless back,
Driven the daeth-strak hame.

The island natives
Took him for a god, and knelt and prayed
When they saw the wuiden-leggit, hauf-deid man
Hirplan ashore, haulan at the line
That held the whale. For the first time he wes free.

COSI NEL MIO PARLAR VOGLIO ESSER ASPRO...

Canzone, Dante

I want to be as harsklike in my singin
As yon wee queyn ti me is whunstane hertit,
She wha, since we first stertit
Grouws mair course and stane-dour ilka minute,
Diamant the dress that's roond her clingin.
And for that, or she's sae gleg depairtit,
There is nae flane is dairtit
Can skart her nakit skin nor billet in it.
She'll murder ye, and there's nae help agin it,

Nae use to hide yoursel frae her fell dingin
That, as gin it tae wes wingan,
Raxes ye and kaas doun aa defences:
Bumbazed I thole near rivit o my senses.

Nae tairge I find is ony use against her,
Nae place to hide in frae thon nakit vision,
Her een's faroush invasion
o this touer and keep o my sperit,
My rage and pain as muckle have incensed her
As cobles dae a lown sea's undulation,
And my hell-deep depression
Is sic that there's nae poetry can bear it.
O merciless and agonisan ferret
That guzzles at the life-stream o my be-in,
Can you no yet be seean
Hou layer by layer ye eat the hert intil me
Hidan frae my freends whit wae is ill me?

Because there's naething sets my nerves sae shakin
As haein thocht o her whaur ithers see me,
Ay, and see richt throu me
Inti the fires my hert in dern is dreean,
No even daeth can get in me sic quakin
Tho, like a hound o love he gnaws intae me,
Mindit on to slay me,
And aa my deeds and thochts are born deean.
The blin bairn's felled my be-in
And hauds the fate o Dido threatnan owre me.
I beg him to empower me
To gang my gait, to leese me on the livin:
But yon's the very thing he'll no be givin.

Nou and syne this thrawn, unyieldan tyran
Keepan me spreadeaglet on the heather
Helpless, in a swither,
Owre forfochen, daurs me to be uprisan,

Screams o pain throu aa my hert inspiran.
Backlins rins my bluid syne in a dither,
In a hert's neap-tide weather,
And I'm left bleached as bane frae terror's pyson.
Wi vicious dirk my hert-string he is prisan
Sae that, wi the pain, I gang fair reelin
And gie rein ti my feelin –
'Gin thon het blade he raise again abuin me,
Lang or it faas daeth'll hae owretaen me!'.

Wad that I micht see this same love strikan
Thon sadistic hert that's left mine riven.
Syne daeth, ti which I'm driven
By her white beautie, wad be less mirk til me.
For she, nae less at gloamin nor at greikin
Reivan murderess, sic wounds hes given.
O let ance the stevin
o her hert's howl for me wi greinin fill me
I'd yell 'haud on, I'm comin tho it kill me!'
And eidently I'd rype aa Hades for her,
Pluck her frae its horror
And in her hair, as in a shawlin river
Lave my brunt hands; syne we wad love forever.

For gin I feel again thon lovely tresses
That hae been cat-o-nine-tails ti me aften,
Or my hert could saften
Nicht nor day I wadna let them leave me;
No to be kind, but as the lioness is
Rivan wi her claws in playfu daffin.
And gin she nou is laughin
To see me lowdert, I'll no let it grieve me
But multiply my vengeance; the een deceive me
I'll burn intae wi mine, that aye are burnan
As my hert's auld fires are turnan,
And gar her feel the lowes that she's lit in me,
Syne slok her burns wi love, tho she's agin me.

Gang, O my poem, gang strecht ti yon woman
That hes my hert incurably sae woundit
And hes its hungry passion sae confoundit
To see gin ye can plant an arrow in her:
For my maist dear revenge wad be to win her.

MA FAITHER'S HOOSE

Frae the Basque o G. Aresti

I sall gaird
ma faither's hoose
the wowfs agin,
the drouth agin,
the forers agin,
the coorts agin
I sall gaird
ma faither's hoose.

I sall tine
ma nowt gear
ma field gear,
ma wuids gear;
I sall tine
ma dale gear,
ma siller gear,
ma onwal gear,
but I sall gaird ma faither's hoose.

Tho they ryve me o waponrie,
wi ma nieves anerlie
I sall gaird ma faither's hoose;
tho they ryve me o haunds
wi ma airms anerlie
I sall gaird ma faither's hoose;

airmless,
breistless,
spauldless
tho they lea me ahent
wi ma saul anerlie
I sall gaird ma faither's hoose.

I sall dee,
ma saul pass owre,
ma bairns pass owre,
but ma faither's Hoose
will byde ayebydan,
staunan stowr.

WILLIAM J. TAIT (1918)

FURNENST DA DAY

Furnenst da day
I hain my sairest loss
An caa my nain
Da heft I canna hae.

Da gold I yird
Oonseen dis simmer nycht
'S a solya's sheen
On hairsts A'll never hird.

A wird oonsaid
My sign an plaidge sall be
Ta preeve da wine
Nae winepress ever bled.

My hert alowe
Whin nane wid lycht a fire
Life-lang A'll sain
Time's bittersie ta towe.

Trow every yett o five
A ghaist stails hame
At, ne'er alive,
Can pey a daid man's debt.

Furnenst da day
I hain my sairest loss
An caa my nain
Da heft I canna hae.

(in Shetlandic)

LUX IN TENEBRIS

My daarlin, whin I canna tell
Whaar my niest stramp mycht faa, what rod
My wilt stravaigin fit mycht tak,
A feddir in a mirkabrod;
Whin every waa at croes me in
Rins tae hits aishins i da staars
An, hingin laich owerhaid, da lift
Roefs in my soety haad an daurs

Ee quick blyde tocht o dee ta smoot
Trow da black gaird o nycht an time,
An hert an sowl an boady seem
Pickit wi aa da bloed an ime
O history: dan sometimes I mind,
As veevly as I mind da sea,
Sunlycht an shedow o dy een,
An aa da sunlycht meant ta me.

(in Shetlandic)

CHANGE O THE MUIN

Hamebound at the hinner end o a half-cock hooley,
Wi nae Helly tae lee, Loard help us, nor eneuch o the Deil
Or drink in oor dowf hert-ruits tae sprout a panache,
A plume o paumpas gerse or a paulmleaf parapluie,
Tae haud aff the hail-dunts o the maun-be-duins an mannas,
The sall-be-duins an sannas, the moarn's forekent onding.

Hamebound in a founert bus at stiggs an byocks,
Aiblins at its ain wersh waa-geng o swats an sweit,
An hauls up hirslan at a reid licht like a Free Kirk elder;
For ilk licht, like time, 's against us as we stunk alang
At the clean airse-end o aathing – ilk licht but ane.

For wha coags frae a black clood but auld Madam Muin,
Auld judge o what-you-may-caa'ims, an straucht the street
'S a green gluid glisnan frae here tae Hyde Park Coarner;
The bus bangs, bluidspring, till Hyde Park Coarner's here;
An Robbie Graves' White Goddess, like a bairnie's bool
Thoum-skeetert, skitters toom-dowp doon the lift,
Puir Birkie Baretail!

Puir? An wha daur ding
Or lichtlie the lonn lamp in Heeven's vodd hoose?
We, wi oor claith-cled rumps oor aa but only boast?
Black faa the baund o's, gin we sain no the Soo,
An clap (presairve us!) the Deil's buiks' dugeared leaf,
Slid frae the sleeve or filched frae the pack's blind face,
Slap on the threefauld Queen, the Pride o Priles!

An sae we hae duin, certes, for a fourth face girns
(The muin a keekan-gless) back at oor ain: oor ain.
The cross-legged Joker jinks owerheid in a Cossack jig,
But doucely, doucely; the bus dunts slow tae a staund,
The muin nou the station clock wi its half-oor haund
Still haudan aff; an the yirth yont the steel an stane
Aince mair is anunder fit, albeit for twa cock-strides.
Sae douce an donnart's the neist, we gang thru the gantan gate,
The muin the mere muin an the moarn a day for itsel.

AUBADE

In Memoriam: S.G.S. (1976)

As I stoater hame thro Drummond Place
At ten tae five o an April moarnin,
A barrage o birdsang opens up,
Blackies an mavises burstin their hawses:
An I think at first o a nicht in Brum,
An an Irish lass nearhaund neebin aff.
'Jasus! That's never the burds!' she said;
But it wis, it wis. Nou, ayont the trees
Whase ilka branch maun be booed doon
Wi a toansil-happy franc-tireur,
There liggs a nest, an eyrie, quaet
This fifteen months. O Sydney man,
Ye're a sair miss! I mind ae nicht –
A nicht! This same ungoadly oor
Whan my een caught my watch, but black
An frost-gript oot, tho bein within –
In Februar 'twis, three years frae syne.
The twa haunds taxt me: for a blink
I thocht I'd, juist this aince, ootsteyed
Even your welcome; but cuttin short
Sic wirds, ye raxed an gript the buik,
Your buik ye'd hed me readin frae,
The Vision of the Prodigal Son, an wrote:
'To Tait: too late? Oh no, Smith saith';
An leuch, I hear it yet. A soond
As faur frae music as the wirds frae verse,
An yet a catalyst that cheinged
The doggerel intae poetry. Oh no!
As lang's that lauch rings i my lugs,
The Auk is nae extinct. Nor ever!

WILLIAM NEILL (1922)

THE BALLANT O HET SAITS

Eftir the Dirkanglaivie Clan,
had slain the King an Queen
Prince Sillersecks grat on his lane
atour the palace green.

The Regent frae the bylie wa
keekit wi sklentie ee,
an thocht hou he micht claught it aa
gin Sillersecks sud dee.

Flee, flee, sire, spak the Regent's hind
in Sillersecks left lug;
yon sauvage Clan hae taen a mynd
tae gie yir thairms a rugg.

Thay hae thair freens athin this keep
whaur traison's cantrips growe,
an while ye're liggin fast asleep
they'll sett the hoose alowe.

King Sillersecks rade his gray meare
aff til the birkenshaw;
but birk an buss an bourtree thare
gied him nae bield ava.

The Dirkanglaivies lowpit oot,
wi dirk an sgian du,
an hackit him frae craig tae fuit
an stickit him richt thro.

An nou the Regent rules himsel
an weirs a gowden croun;
he cares for nocht but his nainsel
an dings aa ithers doun.

But ben the ha thare's fouth o spies
wha bab an bou an steal;
thay ken it wull be nae surprise
when this yin gaes as weill.

In ben the abbey, caunnel-bricht
the freres threip on wi psaulms;
the Regent's wauken thro the nicht
an droons himsel in drams.

But nither prayers nor usquebaugh,
can still his trimmlin haund;
an nither raips an chynes or law
will kepp yon forest baund.

The Regent's face is white as daich,
he dreams o pike an dirk;
an hears thir clansmen lauch an skraich
doun in the forest's mirk.

Man sklims up tae be dingit doun
for thrones are ower het;
a bunnet's better nor a croun
for gangin yir ain gait.

GALLOWA SPRING

The gowd is back upon the brae
Millyea has tint the snaw;
lown is the northart sough the day
an warm the wastlin blaw.

Blythe nou wha tholed the wintertide
its crannreuch cauld an lang.
Green, green the shaws on braw Kenside
an sweet the laverock's sang.

THE POUER O ADVERTISIN

Yon tartan laird in the picter wi his glessfu o whisky
an the bonnie pipers playin in yon kid-on Balmoral
cannae possibly be drinkin the selsame stuff
as yon puir gowk staucherin aboot the Gressmercat
slitterin an boakin his saul oot in the siver
inspired nae doot bi bauld John Barleycorn.

Yon dollybird wi the velvet single-en an the hoor's een
puffin et yon lang fag an straikin her lover-boy's pow,
cannae be smokin the same brand as oor Wullie thare,
hoastin his lichts oot thonner in the Royal Infirmary.
His cough disna ease his kingsize carcinoma
the product o years o resairch bi the cigarette company.

Man, advertisin, is yon no amazin?
Ye can buy juist aboot onything noo-adays . . .

Poother tae mak ye whiter,
lipstick tae mak ye ridder,
a hunner assortit smells tae droon oot the stink
o common humanity.

An is it no amazin thay've never
made onything, ken, that'll stop ye
deein.

A CELTIC HISTORY

I'm tellt the auncient Celts collectit heids
lik some fowk gaither stamps,
an gin ye were thair guest wad shaw ye kists
fu o thair latest prizes.
Nou we're delivrit frae sic ugsome weys,
we scrieve lists o the scunnersomely deid

prentit in black an white.
Yon's faur mair hygienic an forbye
ye can get a lot mair in than ye can in a kist.

I'm tellt the auncient Celts focht in bare scud...
Man, *yon's* a mark o unco determination.
Ye've shairly got tae ken whit ye're fechtin *fur*
tae tak the haill Roman Empire on in yir buff.
Gin thay'd taen Hitler, Napoleon an aa the lave
o the born leaders o sufferin mankind
an gart *thaim* fecht in nocht but thair drawers an semmits
yon wad hae been a solid move towards peace.

UPSTAIRT

Nae wunner thon yin sud get intae boather
preachin tae better fowk. He wesna blate
tae tell the elders aff, gang his ain gait.
As if we didna ken wha wes his faither!
Turnin his back on hame as if he'd raither
blether tae hoors an fowk no warth a haet.
For aa he's deid nou, still he isna quait...
his wards aye soond oot whaur his freens foregaither.

Thir tinks press furrit for tae hear the better:
thay cairry on as if he wesna deid,
the coort's maist deidlie doom no warth a rash.

He didna pit the hames on aa the patter,
yon jeedge. It seems the law is nae remeid.
Nocht but a jiner's bairn, for aa the fash.

WI A NAUKIT DIRKIE.

D'ye mind hou Hamlet wad aye girn an chirk
wi aw yon speik: *tae be or no tae be*
an et the enn o't aa he cudna see
his wey tae jag his belly wi a dirk?
Yon Mouss-trap geggie, yon wes sleekit wark
tae shaw hou pushent lug-holes gar ye dee;
an aa yon Freudian Psychologie
tae frichten Gertrude oot o her nicht-sark.

An aa fur whit? 'Wes Hamlet gyte? Discuss.' . . . .
Still naebodie seems tae ken for aa the scrievin.
As the Bard says himsel: *the rest is silence.*

Yon 'kintra maitters' cam tae sic a pass:
droont sweethairts, arras-proggin, audience-deavin:
aa juist a ploy tae gie's mair sex an violence.

ATHOLE CAMERON (1923)

A POEM FOR MIDLOTHIAN

Teeterin oan the edge o Spring, the hill folk see
sun i the birken wude, a siller filigree
an the saft weird o the pussy willow tree.

we get weans
comin oot the wa's, dreepin frae the skies
coupin dustbins ringin doorbells
playin fitba richt aside the wee plastic notice
'No Ball Games, M.D.C.'

Richt Spring, an the hill fowk hae
birdsang at dawn an jewelled nichts
the strings o gowden lichts
stretched clean frae Pentlands tae the sea.

We get dugs
wee Yorky legs twinklin at the end o a lead
a lean reid setter nickin the auld wife's birdie moolins
an a wee wa'-e'ed terrier daein whit it shudnae
richt aside the wee plastic notice
'No Dog Fouling, M.D.C.'

In simmer the hill fowk get flooers
a drift o white in the hedges, marigolds i the burn
bluebells an honeysuckle an roses.

We get claes oan whirlies
fleein busy lizzies
an Sandra in her new teens an her new bikini
sun-bathin oan her Coasta Coal Shed ruif.
Nonchalant the fitbas punt up the lane
thump. thump, thump an WHAM oan the coal shed wa
Sandra doesnae heed them though there's no
M.D.C. notice on her.

In winter the hill fowk get smoorin snaw drifts.
We get Jim's Ices.

JAMES RUSSELL GRANT (1924)

ZONE

by Guillaume Apollinaire
pit intae the Glesca wey ae speakin
For Tom Scott

Y're weary o' this aul wurl at the feenish

Pastor ae bleatin bridges thon Eiffel tour this mornin

Y've had yir bellyfu ae life in a Graeco-Roman atmaesphere

Here the very caurs hae the luk ae aulden time
Religion alane stauns new stauns
Uncomplicaitit as an aeryplane-shed

The yae thing in a' Europe that's no antiquaitit Christianity
The maist up-tae-date man ae a' Europe Pope Pius X
But you at the windae there that shame hauds back
Fae kirk an confession this mornin
Cairry oan yir study o' prospectuses an catalogues whit-sic
  are mair furrit tae yir attention

That's a' fur poetry this mornin an y'll fun its prose in
  newspapers
Wee books ae crime stories fur thruppence
Picturs ae important men an a thoosan an wan ither items

Ah saw a braw street this mornin an cannae min' its name
Spruce an clean erst-trumpet ae the sun
Bosses an workers an bonnie typists use it
Monday tae Seturday fou'r times a day

There's a hooter grunts three times every mornin
Roon aboot twel a daffy bell yaps
There's letterin oan the wa's an oan the billboards
Plaicairds an notices screichin at ye like a lot ae parrots
It's douce an taen ma fancy this workaeday street
Locaitit atween Aumont-Thieville Street/Ternes Avenue in
  Paris

Bairn ae a street bringin back bairnhood days
Mither deckin ye oot in white an blue
Yirsel a soulfu wee craitur maist happy whiles
At kirk rites wi Rene Dalize yir bosom pal
Nine at nicht the gas-glim sunk an blue pad pad oot fae the
slumbrin room
Pray nicht-lang in the school chapel
A fur-aye an wunnerfu amaithyst deep
Circlin the lustre an deithless glory ae Christ

The braw braw lily we a' grow
The reid-heidit brand nae wind can douse
The dreein mither's siller-tintit boy
The tree aye tuftit wi the wecht o' prayer
Axis fur eternity an honour baith
Staur growin six weys
Gode deid oan Friday quick oan the Sabbath
Christ sclimmin Heaven better than ony flier
Keeper ae the wurl's high-flyin record
Christ sicht ae the ee
Wi the ken-hoo tae pit sicht oan this 20th century
Whiles it micht chinge tae a burd gin He's in flicht
Whiles deils crannin up fae the pit tae see an sayin
Mimic ae Simon Mage in Judah hootin
Him they a' cried cutpurse cuts a caper in Heaven
Flitterin angels roon the flitterin darlin
Icarus Enoch Eli Appolonius fae Thyane
Flichtin aboot the first aeryplane
Laein a gangwey noo an then fur them cairryin the Eucharist
Sic priests as raise thirsel fur-aye in the act ae raisin the
host
The aeryplane finally lans wi never a wing-beat mair
The lift fills up oan the meenit wi millions ae swallaes
Craws faucons ools come quick as ye wink
Ibis flamingo an stork pit in fae Africa
The Roc-burd that weel-kent in sang an story
Glides in wi the faither-heid Aidam's skull in its claws

The eagle unfankles itself fae the horizon timmin a michty
screich
The wee hummin-burd is comin in fae America furbye
Lang an lithe peehees hae come fae China
Wan wing apiece an pairt in flicht
Immaculate thing the doo as weel
Is here wi the lyre-burd an speckit peacocke
The phoenix wha fashions itsel fae itsel
Funeral fire that it is masks aething a wee wi its glowin ash
The sirens hae left the dangerous minch
An arrive a' three in harmonious chant
An the hale clamjamfrie eagle phoenix peehees fae China
an a'
Acquaint thirsel wi the burd-machine

Noo y're waukin in Paris oan yir lane amang the gang
Bellawin buses in herds are runnin next ye
Love is worryin oan yir thrapple
Like ye were never tae be loved nae mair
An ye wad courry alang wi the monks gin time lang-syne
Y're ashaimt at catchin yirsel sayin a prayer
Ye laugh at yirsel an yir laugh crackles up like the fires ae
Hell
The gist ae yir life is ornamentit wit the sparks
It's a scene hingin up in some dreary museum
Whit ye gang up close noo an then tae see

Waukin in Paris the-day the weemin are bloody
It wis an ah min' it wha winnae the time ae the slump ae
beauty

Notre-Dame wi its passionate flames a' roon kep sicht ae me
at Chartres
The blood ae yir Sacrit Hert inundaitit me in Montmartre
It's sick ah am ae hearin easy-ozy words
The love ah suffer fae is a shamefu disease
The image that haunts ye ordains a sleepless tormentit
existence
An the jake-in-the boxe that it is is fur-aye at yir elbow

Noo y're oan the Mediterranean coast
In ablow the lemon trees that flour the year roon
Ye gang fur a sail wi yir friens wha come
Wan fae Nice wan fae Menton wan fae La Turbie
It gies us a' a fricht tae see the octopus deep doun
An swimmin fish amang the seaweed symbols ae the Saviour

Y're in an inn-gairden ootside ae Prague
Contentit enough wi a rose oan the table
Raither than write oot yir prose romance
Ye study the chafer asleep in the rose's hert

Shockt tae fun yirsel etcht in the agates ae Saint-Vit
Fair scunnert tae the teeth the day ye saw yirsel there
Ye hae the luk ae Lazarus gaun moon-struck owr the day
The clocke-hauns in the Jewish distric gang the wrang wey
    roon
An ye pit yir ain life slowly back furbye
Whiles climbin up tae Hradchin an listenin in the gloamin
Tae the Czech sangs they're singin in the pubs

Here ye are in Marseilles amang the water-melons

Here ye are in Coblenz at the Giant Hotel

Here ye are in Rome saitit unner a Japanese fruit-tree

Here ye are in Amsterdam wi whit ye tak fur a braw young
    lass wha's ugly
She's fixt tae mairry a student oot ae Leyden
Ye can get digs there in the Latin style cubicula locanda
Ah min' it wha spent three days there an the like again in
    Gouda

Y're in Paris in the coort ae delinquents
Arrestit as if y're a crook
Some painfu some happy the journeys y've made
Afore ye got wind ae whit wey the wind is blawin
Ye suffert fae love at twinty an thirty years ae age
Ah've lived like an eedjit an wastit ma days

Ye daurna luk at yir hauns nae mair an ony meenit ah'm like tae sobe
Oan you oan the wan ah love oan a' the things that hae ca'd the feet fae unner ye
Ye luk at thae poor emigrants wi tear-loadit een
They believe in Gode they're prayin the weemin are sucklin bairns
They fill the ha' ae the Saint-Lazare station wi thir smell
They trust in thir staur like the orient kings
They hae hopes ae winnin siller in the Argentine
An ae comin hame wi thir fortunes made
There's wan faimily cairries aboot a reid eiderdoun like you mister cairry aboot yir hert
Thon eiderdoun an oor dreams are jist as unreal
A wheen ae them be that stey here an bide
In the hovels ae Ecouffe or Rosier Street
Whiles ae an evenin ah've aften seen them takin the street air
Like draughtsmen they seldom mak a move
They're Jews fur the maist wi thir weemin in wigs
Anaemic sowls saitit in the faur en ae wee shopes

Y're staunin fornent aye fornent the zinc ae an evil boozer
Ye tak a tuppeny coffee amang the doun-an-oot

It's nicht an a gran restaurant y're in

Thon weemin are no that evil haein thir worries but
They've a' tormentit thir lover doun tae the maist ugly
An she a Jersey polisman's dochter

Her hauns whit ah hadnae seen are crackt an haurd
Ah feel maist truly sorry fur her belly-wabbles

Here ah hummle ma mou tae a poor lass wi a terrible laugh

Wi mornin oan its wey y're oan yir lane
The milkmen are coupin thir cauns in the street

Nicht fades belike some hauf-caste beauty
Faus Ferdinand or Leah aye-at-haun

An y're drinkin this spirit fiery as yir life
Life ye drink like an aqua-vitae

Waukin towards Auteuil ye want tae gang hame oan fit
Tae sleep amang yir fetishes fae the Pacific an New Guinea
Christs ae anither shape an ae anither belief
They're the inferior Christ ae pugglt hope

Fare weel fare weel

Slit gizzard sun

KEN MORRICE (1924)

MAKAR

As he was tocht,
the baker skelps his dough,
moulds and bakes his breid.

Quine, gin I mould this for you,
I dae fit I can dae
wi words, ettlin tae
bake a poem wi taste and crust,
a thing tae bite
and chaw, nae saft as woo.

Sae dabbit wi floor and stew,
wi guff o yeast, a duntin nieve
and sweaty broo,
I wroch and wrastle
wi the hail stramash – hands and heid –
wark my wark for you.

God, mak it rise
tae the occasion!

THE DOOK

Mair nor a week gaed bye
afore we'd dook again frae yon
shore. Roddy jaloused it was
sackin wi dulse for hair;
Alick a tattiebogle caad
doon the Dee in Simmer flood.

Caiperin aboot we cast stanes
at it and an empty bottle.
Syne I splashed oot tae haul
it in, pechin back fyte
and fleggit, rinnin tae fetch
bobby Duncan tae come and see a deid man.

Quait and wyce we sat aa aifterneen,
bein jist bit loons
and daith cam ower seen.

DOMICILIARY VISIT

'Dr. Watt spiered at you to call, did he?
Weel, jist you cam awa ben.
My man's no in yet, as you can see.
Fit did you say your name wis again?
A psychiatrist! Michtie me,
I thocht it wis the insurance mannie.

O, you maun forgie my menners.
Sit you doon, I'll pit aff the TV,
and get the money. My man's denner's
still tae mak. But dearie me, I maun be
gaun gyte! You're nae the insurance man,
are you? Fit wey hiv you come tae see me?

I ken I'm wearin aul, but I'm nae saft.
No me! I wis tap o the class for sums
and best in the schule at needle-craft.
Some quines are aathegither thooms,
but I wis aye skeely and the teacher's pet.
Psychiatrist you say? You dinna surely think

I'm daft? I canna mind the date or foo mony
years I wis mairrit. The Prime Minister?
That wid be Mister Churchill. Na, na,
that's nae richt either. Is it Mister
Wilson? O laddie, it's nae eese ava.
Since my man deid I dinna read ony

papers, but I watch the telly ilky day.
My favourite programme? I jist canna
mind the noo. I'm ravelled – a bit fey
wi aa yon different peels. But you mauna
tak me awa. I'm jist fine, richt here
faur I bide. Onywey, fa wad mak my husband's tea?'

DAVID PURVES (1924)

MACBETH IN SCOTS

(1) From Act 4, Scene 1

1st WITCH: Roond aboot the caudron ging:
in the puzzint puddens fling.
Taid that unner cauldrif stane
days an nichts haes sweitit bane,
a munth o venim it haes swat,
sae byle thaim in the cantraip pat!

ALL: Doubil, doubil, darg an truibil,
fyre burn an caudron bubbil!

2nd WITCH: Fillet o a mershland snake,
in the caudron byle an bake.
Ee o newt an tae o pug
woo o bauken, tongue o dug;
edder's fork an slae-wurm's steing,
esk's hint-leg an houlet's weing,
for a spell o fekfu truibil,
lyke a Hell-bree, byle an bubbil!

ALL: Doubil, doubil, darg an truibil,
fyre burn an caudron bubbil!

3rd WITCH: Scale o draigon, fang o wowf,
wutch's mummie, guts an gowf
o the raivenous saut-sie sherk,
ruit o hemlock, howk't in derk,
leiver o blasphemin Jew,
gaw o gait, an skelf o yew
flindert in the muin's eclipse,
neb o Turk an Terter's lips,
fingir o birth-thrappilt bab
sheuch-deleivert bi a drab;
ti gar the skink growe fierce an strang
pit teiger's puddens in alang!

ALL: Doubil, doubil, darg an truibil,
fyre burn an caudron bubbil.

(2) From Act 5, Scene 5

MACBETH: The-morn, the-morn, an aye the-morn foraye – !
Lyfe shauchils on frae day ti day until
the end – on til the lest glisk o tyme itsell.
an aw oor yestreins haes lichtit gomerils
alang thair roads ti stourie graves.
Oot wi ye, short caunil! This lyfe's
a daunerin shaidae – a sairie actor
that strunts an rants his oor upon
the stage, an syne is heard nae mair.
It is a tale telt bi an eidiot,
fou o feim an dirdum – but meanin naething!

NIRVANA

The sie-maws cantil i the lift
an it wul be lang licht the-nicht.
Ayont the waves that breinge thair wey
atowre the gowden saunds, slaisterin
thair faem agin the rocks, the wattirs
o the mukkil sie lys boundless –
lown an blue, thai kelter siller
i the sun's licht at day's dawin.
The snell wund chills ma chowks
an nips ma lugs a wee. The cauld
saut wattir swurls aboot ma cuits,
syne draks awa wi the ebb tyde.

A grup the warld atwein ma taes,
fessent on brukken cokkil shells.
The'r no a runkil in ma skin.
A'm seivin year auld –
An awthing's new!

WILLIAM WOLFE (1924)

BAUK

Paraphrasit frae the Tao Te Ching

Strath an Spirit in Eternitie
        Mak the Mystic Mither
Whaes yett lats oot baith heiven an yird
        Springheid at rins for iver.

But gin the Spirit werena swack
        The Strath no geylies fu
Heiven'd whummle an yird'd faa
        Giean life a chitteran grue.

Sae gang ye back tae weirdsett
        In ilka hairt cried peace,
Wi Mirk an Licht comploutheran
        Forgaither wi your geas.

ILKWUMAN

The whins are gowd at nune, nae clud in sicht
Yit daurk the lift, for goddesses faa bluidan.
Glower o sun an snell wund drocht thaim sair an
Bluid an watter crine on peths wi nae devaul.

A routh o greenyerie taks ower the hill
An derns the growthe an gurly wark o thorns
But still an on, goddesses are bluidan.

Syne frae deep inby the deid volcano
A swippert lowe birsles the bydan nicht an
Skreichs an eldricht weird ower the warld.

Naither tree nor creepie-crawlie cratur
Nor burd is sauf on the hill's shouther nou.
Whaur'll the herryit warld fin easedom
In munelicht, gin wir goddesses lig bluidan?

Ilk seed in its set for life an daith is
Frute o universal pouer, aye seekan
Seekan tae sain the skaith o goddesses an
Ring the willyart herts o humanitie.

An emerant braird strinkles the brunt Yirth.

DAVID ANGUS (1925)

THE WHITE WITCHES

1st WITCH: Thrice-Divided Goad has lo'ed.
2nd WITCH: Thrice, and ance has Jesus pined.
3rd WITCH: The Triple Voice cries: Time! Time! Time!
1st WITCH: Round about the Pot in style!
First, the pushioned guts maun bile,

Wappt wi dirt that slaves hae ett,
Saired by maisters, plet by plet –
Swalla'd insults – aa the lot –
Bile them aff i the chairmèd Pot.

ALL: Dwable, dwibel toil an trouble;
Harkye, laigh an larbar Divel!

2nd WITCH: Cunnin o the human snake
In the caudron bile an bake;
Pint o wut as shairp as brog;
Woo o wutless, gaitherit fog;
Fiker's fork an gossip's ting;
Laggard's leg an haste's e'e blin –
Wi a chairm unlade yer ladle;
Bile an bake them less nor able.

ALL: Dwable, dwibel toil an trouble;
Harkye, laigh an larbar Divel!

2nd WITCH: Fear o phantassies, engulf
Yon flee-by-midnicht mental elf
That ups the sneck oan aa that lurk
Past oor censors in the daurk.
An the daylicht fear o Jew,
Black maun, Yellae. . . ony hue.
Fear o features, tae, eclipse –
"Nose o Turk an Tartar's lips."
Figure o computered babe
Tube-conceivit in the lab?
Naw! A bairn tae leuch an sab;
Yae auld-farrant bairn – no modren –
The ingredient o oor caudron.

ALL: Dwable, dwibel toil an trouble;
Harkye, laigh an larbar Divel!

2nd WITCH: Fill his veins wi blithesome blude,
Syne the hairm is aa made gude.

COME-DOUN

Fae the Sijo o Kim Kwanguk (1580 – 1656)

(Senex dicit:)

Faithful auld crummock!
Aye, that's whaur A'd hide ye –
Whit fun whan, a laddock,
A'd straidle an ride ye!
Fae under the winnock,
Oot! – A'd walk beside ye.

WHIT SHE SAID

Fae the Tamil o Kalporu Cirunuraiyár

Fowk say: 'Ye'll hae tae pit up wi it.'
Div they no ken whit it's like,
or are they juist that strang?

Me? Gin A dinna see the maun,
wae droons ma hert,

an like a straik o faem in heich watters
dasht apon rocks

graidual-like, A ebb
richt doon til nocht.

ALASTAIR MACKIE (1925)

THREE TRANSLATIONS FROM THE POETRY OF UMBERTO SABA

SPRING

Spring that gies me a scunner, I've this
to say to ye; turnin some street corner
aa o a sudden I get stobbed thro wi the dirks
o your weird-like breerin. The thin weive
o the spinnly branches' shadda on the earth
bare-nakit still, pits me in a steer. The deid-hole
disna seem that sure o itsel
when your time comes roon, auld spring.
O aa the seasons you alane
are baith bairn and butcher, coorse brutes baith!

LOCHAN

A lochan in the hert o the hills.
By day-time het kye drink at your edges.
At nicht, the keekin-gless o the galaxies.
The-day your cauld clarity gars me grue.

Youtheid likes itsel best.
Twa laddies cam here aince.
Whit gaupit back at them was an ee o ice.

CRACKIT GLESS

Aathing conters ye. Weety weather,
the oot lichts, the auld rickle o a hoose
yarkit by a blouter o wind and stillanon
dear to ye for the ill ye tholed, the swickit hopes,
and the rare times ye had.
Survival, ye think, is like sayin 'na'
to the law o finite things.
In the skriech
and smithereens o broken gless
hell-fire lowes.

RONALD STEVENSON (1928)

TWA SANGS FRAE THE GERMAN O CHRISTIAN MORGENSTERN (1871 – 1914)

DINNA STIR

Dinna stir the sleep o the darlin lass, ma aa!
Stir her tender, tender sloomran no avaa.

Hoo far awaa she's noo. An yet sae near.
Yin flichter – an agen she wad be here.

Och, wheesht, ma hert, an wheesht yet mair, ma mou:
Wi angels spaks her speerit, ilka oor an nou.

HAIRST

The warld hes gane tae gowd;
for ower lang
the skinklan sun caresst
the leaf, the boucht.
Sink noo
o warld, sink doon
in wintersleep.

Soon wull it faa tae ye
in flaws an flachts the fleece
that smuirs the muirs –
an hansels Peace,
o warld,
tae ye, lued Lyfe, bi luve garred gowden,
Peace.

RHODA BULTER (1929)

DA SPILT WIFE'S TALE

Veeve can I mind dat lang traik trowe da hill,
Whin me feet felt laek lead, bit left hardly a mett
Idda boannie green moss at lay tick idda gyill.
An I grett.

Nae mair wid I waander alang da banks broo,
Help wi da hirdin, or dell idda voar,
Or waatch da froad rise as I mylkit da coo
At da door.

Nae mair wid I sit doon wi idders ta dine,
Or cradle a peerie ting up i me bight,
Fin waarm freendly fingers at clespit ower mine,
An höld tight.

Noo me böl wid be lonnly an caald o a night,
An me days wid drag on athin lang idle-sit.
An me sweein een waatched da men right oota sight,
Help me flit.

I tink at dat böst be a braa start sin syne.
A'm seen twa simmers here, or mebbe hit's tree.
Bit I weel mind da winters – dey wirna sae fine,
Tryin me.

Sometimes hit wis hard ta aarl up ta da place
Whaar da fok left me maet, or a dry badd ta wear,
An da caald frost wid tak idda sores ower me face,
Braaly sair.

Bit da Loard höld His haand closs aboot me wi aa,
For He niver forsook an aye helpit ta bear,
An hit's jöst whin da sowel begens rottin awa,
You man faer.

His jöst seems laek a ooer's time fae dim-riv da-day,
Yit da hömin is faan noo, an shön da dark night.
I wid need ta rek ower for a blue clod or sae,
Ta mak light.

Bit mebbe A'll lie whaar I im for eenoo,
For A'm finnin nae caald, or da hunger or trist,
An if I could jöst dwaam ower an see da night troo,
I'd be blissed.

I canna tink – yit it seems ta be moarneen again,
For dir light comin in trowe da cracks idda waa,
An a bright glöd is fillin da place, end fae end,
Ower aa.

Noo wi weary limbs strentend, an pure as da snaa,
Wi joy i me hert I win up ta me height,
An faider an midder an bairns anaa
Clesp me tight.

(*in Shetlandic*)

CAROL GALBRAITH (1930)

HARNDANCE AT THE HIGHERS

The disc jockeys
aa faa quaiet
wheesht
bi ae strummin
o trummelin harns

syne bonnie biros
pirouette
an een quadrille
set-feegart sets
aa roon Memry's barns

an daintie digits
haad theirsels tiptaeit
trig tae jig
wi tapsalteerie frets
o infinite disco starns

while statelie matrons
stiff-stravaig
roon sets
o Scotia's bieldit bairns

a waaflooer's stannin
mindin the time
blethers neist her een
owreluikin the birlin scene

for och owrequik
the jiggin's duin
an Bairnheid's gane
pingelt tae the bane.

EFTIR LANG YEARS

Lachen amang freens
I turnt owrequik
an there ye war
quaiet
owre far
an yet
lik ae duimwatch robot
ayont controwlin aa my thocht.

Nae ither ee bar mine
thowlt the grup o yer een
nae ither soul bar mine
lowpt the warrls atween
nae ither life
lowst an strupt awa
the lane leevin ye hanna seen

for luve lang smooert
lowt tae ivry airt
kinnilin wi mine
its neebor hert.

JIM KAY (1930)

THE MAP

The land is made a wizened witch,
A gangrel castaway fae Europe,
Her face scorns the Atlantic gale
In scaldin' spray on weakly e'e
Yet power haud in its remain
A desperate unearthly sicht
Tae ca' and conjure apparitions
Far as the Americas,

Caithness and Sutherland appint her hat,
A stoopin' shawled and hunchy back
Bows ower wi' the creel o' Buchan,
Glenmore tae edge and hem her cloak
Shoulder tae cuff – a rare firm line,
The rest o' it a' rags and rips
And ravels roon by western lochs,
Her waist is waspish, sairly nipped
Whaur firths bite deeply on her middle
Thin pinnystrings flail oot through Fife,
A bursled skirt trails doon upon the Tweed,
An apron tidier keeps Ayrshire fae the Clyde,
Mull shapes a hand instruct Kintyre,
That ancient worn gnarled staff,
In search o' solid ground by Ireland,
She hirples on a twisted foot in Gallowa',

The winds blaw fierce aboot her
Thrashin' scraps o' threadbare cloth
Amang the scatter o' the Hebrides

STEWART McGAVIN

the tavern

(uses ideas from Lorca)

the tavern skails.
daurk figures skouk
throu baukie yetts
an doun the causey
fae lampies lowe
tae lampies lowe.

the sherp durks,
lik loupin saumon
glisk in gaslicht,
abune at winnocks
weemen greet, an
ithers bide thir time.

SHEILA DOUGLAS (1932)

THE MAKAR

Ill-wrocht, ill-thocht, wis his daurk destinie:
Tae feel his bodie turnin intae stane,
While reid life's bluid wis stoundin in ilk vein,
His strang spreit dowsit wi fell crueltie.

Hoo cud he thole sic a captivitie
When in its dreichness solace there wis nane?
He hid nae lowe tae warm him bit his ain,
A cauld mune skinklet on his miserie.

Fule! Ye hinna reid weel whit he scrievit!
Nae malison cud ding a chiel sae swack,
An even daith itsel he laucht tae scorn.
He wis a makar, weel may ye believe it,
He scoured the universe upon his back
Wi dreams o lowpin like the unicorn.

THE GANGREL BODIE

She wis aye that sleekit
Ye niver kent
Whaur she hid come fae,
Whaur she wis bent.
Like a tod i the mirk
That smools through the haar,
She wis here an awa
An ye didnae ken whaur.

JOHN MANSON (1932)

BLACK STANE ON TAP O A WHITE STANE

Frae the Spanish o César Vallejo, Peruvian makar

I sall dee in Paris in rashan rain,
I mind the day.
I sall dee in Paris – and I'm no rinnan –
Mebbe on a Fuirsday, in the back end.

It'll be a Fuirsday for the samen day as I pit doon
Thae lines, the banes o ma airms are bad,
And nivver bifore, in aa ma rod,
Hiv I felt as lanely as the day.

César Vallejo is deid; they aa yuised to haimmer him
Though he dis naethin til them;
They haimmered him hard wi a stab

And hard wi a rop; his witnessmen –
The Fuirsdays and the banes o his airms,
The laneliness, the rain, the rods . . .

THE STIRK

Aince I sat
On a stirk's heid
And if I hadna
Anither w'ud

Wippled wi rope
He'd been thrown
Re-clamsed
At a year auld

Cords crushed
Throu skin and vein
Cords crushed
Throu flesh and bluid

For days eftir
He stude in his sta
Black bag swelled
Lek a weet battery

ABSENTEE CROFTER

So I bigged up the waa
And hollowed oot the grun bilow
To haud back the beas
Frae rivan rips
Oot o the skroos
Pit oot the yowes and lambs
In the morning at the lambin
Bifore gaan back til wark
In Aiberdeen or Embro

Bit some jobs were noor dune
The midden wis noor pit oot
It sank bilow nettles
White Moo's sta wis noor pit richt
She ligged in her ain sharn
The rousted scy blades
Still lig on the bink
And ilka job weill kent brocht up
The hameseeckness o wir ain failure

DUNCAN GLEN (1933)

THE MEDICI CHAPEL

A place o daith. The waws close in, press doon
in formal beauty. The haurd lines cauld
across the hairt. The heivens and the earth
move agin us, Michelangelo's triumphant

tragedy.

*

It is Nicht. The hoolet cries and the savage masks
show terror, the poppies drug. Aw is
anguish. The nicht's shadows
writhe as she sleeps.

And the lang curve o ankles
and thighs
The extendit briests, the creased flesh
o the wame o a mither. And her children

deid?

*

It is Day tied in his muscularity, contortit
ragin agin fate withoot hope, aw
majestic power
no able to rise, involved in himsel

bein in daith's
grip

and yet aw continuous
being . . .

*

It is Dawn pure haurd beauty, young
in her smooth, ticht muscles. Her briests
firmly taut as her legs and thighs. The ankles
pure, elegant, slaw curve

aw is nobility heid on in its
roondness
yet straucht, single line
a prood monolith o stane poised agin time

and looks bitterly into her ain eternity
ayont

– consolation . . .

*

The acceptin, weary, saggin figure o
Gloamin time
in mature middle-life lookin doon wi grace, wi beauty
at ease into what maun be inevitable, unfechtable

time.

*

It is the ducal young man, relaxed in his ain
power, pure untapped
strength
seen there at his ease

in languid een, heivy aesthetic haunds
a continuin lack in his noble physique o the will to act

ayont bein his euphoric, drousy, sensuous beauty . . .

*

It is the silence o malevolent, contemplative sadness
and gloom

that would destroy us . . .

JOHN KENNEDY, STEELWARKER 1939 – 1975

The haill warld kens o Celtic Park Football Ground.
Pass it by. Pass through the grey canyons that are hames.

Suddenly you are at the warks. Clyde Iron Works
jined to Clydebridge Steel Works across the river
and the Foundry doon the road at Tollcross.

The warks o Parkheid, Tollcross, Carmyle and Cambuslang.

Ahint the black pooer o the warks aw would seem desolation,
filth and scrub and rubbish
 – but here the tanner-baa helped build Celtic Park's fame.

A daurk Clyde meanders through
aboot to cam to a stop in some underwarld, it seems.
Yet it has its pastures e'en in this depressed land.

A solitary carronade wi cannonbaw stuffed in its mooth
made to defend thae shores frae Napoleon
pints oot across the bosses' caur park.

Napoleon ne'er cam, nor the Kaiser, nor Hitler.
Aw warked for you could say.

Noo aw's for scrap.

'You canna expect a job for ever,' says John Kennedy.

HOMER COUNTRY

This is Homer country.
Here by the seaside in cemetery in Fife.

Then death will drift upon me
*from seaward, mild as air, mild as your hand.**

The meenister's words into the wund
aulder than time they seem.
And pop sang birlin in my heid,
Through the graves the wind is blowing.
And him of perfect physique
and not quite twenty
being lowered to be at yin wi the mool
as his stane in time
carved in immemorial leid.

from seaward, mild as air, mild as your hand . . .

**Odyssey*, Book XXIII

THE YETTS

Hae the yetts o daith been opened unto thee?
Or hast thou seen the doors of the shadow of daith?
Job 38: 17

The nicht is lang.

A mort-claith is daurk owre themorrow's sun.
Cauld haunds are laid on my spine.

The mune will ne'er look oor airt again
and the staurs drap frae sky.

I hear shilly wund on gavel-winnock
and thochts beil in my heid.

The very foonds trummel wi me
and throughoot the hoose the deid-chack heard.

AGELESS FOURTEEN

I stop by Degas'
"The Little Dancer Aged Fourteen"
sae superior, sae beautiful in her pose
wi haunds joyfully cupped ahint her back.
As aye I notice the fadit cloth o her skirt
and the tattered ribbons tyin her hair.
I wonder if they'll renew them
to match her eternal youth
wondrously caught in bronze.

ELLIE McDONALD (1937)

MAN I THE MUIN

Man i the muin he's staunan an chauvan
wi a graipfu o breers he's warslan awa.
sic a wunner it is he disnae gang skitan
wi joukan an trummlan sae feart gin he'll faa.
The jobes aff the breers his claes hiv aa rivan,
muckle he tholes frae the cauld an the snaa.
Nane i the warld tae ken whan he's sittan
an forby the hedge there's naethan ava.

The puir wally-draigle his ae fuit has liftit
syne stoppit afore he's onythan duin.
Nae stobs has he biggit, nae slaps has he reddit,
naethan tae shaw aa this time on the muin.
Fell sweirt is the man tae get hissel shiftit,
siccan a fash an a trauchle he's haen
sin the gaffer he wrocht fur his arle arrestit
for stailan sum breers that werenae his ain.

'Lippen tae me, ye fushionless craitur,
tak yersel doun here, dinnae be feart.
I've thocht up a tare the deil cudnae better
tae win back yer arle wi'oot muckle sturt.
We'll fill the nyaff up wi whisky an waater,
wyse up the wife intae takin a pairt,
syne whan he's dozent wi drink, it's nae maitter
tae skaigh back yer arle frae yon bunnet-laird.'

Whit ails the man, peyan nae heed tae a brither,
is he deif i the lug that he hears nae a soun?
I'se warrant he'd raither staun there an swither
than tak tent o law, the neepheidit loon.
'Ye theivan wee pyat, its tane or its tither,
deil kens yer wame maun be whummlan aroun'
But naa, tho I'm lossan the rag aathegither,
yon dour feckless tyke is biddan abuin.

HALLOWEEN

Yon peerie bairnies
chappin at yer door
ken a sang ye maun hae tint
lang years afore.

. . . .

but suin the bairns'll sing anither sang
gin the schule has ocht
tae dae wi't. Thir mither tongue
cuist attour the midden heid.

An whit's it worth
tae staun fornenst the tide –
lik as no, me an King Canute
taen as fules thegither.

An whit's it worth
gin the warld's melled
intil a village, tae speak
o Scots ingine or egalitarian thocht.

or waur – o language.

Wad I hae Scotland's bairnies
aye ootside the palins,
shoggin thirsels in a ghetto
aa day lang.

I'm threipin awa
til an auld sang the nicht
Are ye needin ony guisers
wha sing in a minor key?

MacDiarmid, MacDiarmid,
Scotland's tapsalteerie,
an yer poems are dee'in
in the Halls o Academe

whaur 'the true language
o their thochts'
's a faur cry frae Langholm
an faurer still frae me the night,

Hert-seik for Scotland.

LUV SANG 2

Nae mair nor a saumon kens
whit gars it loup, til it fins
its wey tae the burn's deep pool

Nae mair nor the burnie kens
whit gars it sing owre the stanes,
at the licht dancin rise o the sun.

Nae mair div I ken whit cried
ayont thocht or sicht or soun,
but gart this hert win hame tae you.

DOUGLAS KYNOCH (1938)

NINE GWEED RIZZONS

Melpomene was mumpin
An her een were rubbit reid.
She lookit unco dowie,
As gin somebody was deid.

Terpsichore was trachelt;
But, for aa she had tae pech,
Was lowpin like a limmer
Wi a forkie or a flech.

Thalia, she was scraichin
Like a half-demintit hen.
Fut set the lassie lauchin
Only her an Clootie ken.

Thon Erato had likely
Fuspert something till 'er. Och,
An affa deem for fusprins.
Ay, an aye that bittie roch.

Urania was scuttrin
Wi some ferlie in the skies;
An Clio was teen up wi
A historical treatise.

Euterpe was forfochen
Aifter feeplin at her flute;
Polymnia was ailin;
An Calliope was oot.

Mount Helicon was heelster –
Gowdie aa damt aifterneen.
An that's the wye I never
Got my magnum opus deen.

A YOUNG CHIEL

A translation of 'Un Jeune Homme' by André Chénier

Fan I was but a bairn, this big an bonnie quine
Wad gie's a smile an caa me owre aside her syne.
An, stannin on her lap, my loonie's haan was eesed
Tae rinnin throwe her hair; an owre her face an briest.
An whiles, yon haan o hers that straikit me sae croose
Made on as though tae flyte bairn cantrips nae that douce.
Twas aye afore her lads, dumfoonert at it aa,
The prood an sonsie jaud wad daat on's maist ava.
The times my face has felt the smoorichs o her moo!
(Though, michty, neen o't meant fat it wad mean till's noo!)
An aye the herds wad say, fan seein they were beat:
"It's wicket wastrie aat! Yon bairn's a lucky breet!"

THE TWA GORBIES

As I was walkin wi my pack,
I heard twa Gorbies haein a crack.
The tane did tae the tither say:
'Aam gaan tae cowp the cairt the day!'

JOHN McDONALD (1939)

THE STANES

The Naver: my siller threid
steikin mynd tae the strath's derk flute,
a derk flute lamentin.
Wund souchs owre unkennilt hearths,
an wheeples i the waaheid's jynts.
The lane piper o a whaup.

An this knowe, raxin its nieve
oot frae the mools;
a nievefou o skull an bane;
a nieve cleikin its deid (Sutherland's smoored sang);
knuckles, bleck as the knuckles o Soweto,
knockin i the lift's ee.

GOD AN CHIEL

The feck hae notions o an auld carle
daffin 'kypes', an plunkin planets.
I lou the unkent virr
that brenns me as yon caunle brenns –

lowe an tallie yin rummle
(God an chiel plet)
kythin an vainishin aw at yince:
like owrecome an variorum in a pibroch set.

THE GEAN

Atween twa days
the gean's cam wechty
wi a freithin o flouers;
an stauns – a clesp o naitral elements
peened atween a stour o pairticals
an the mynd biggin it (biggin us baith):
the laser-licht o consciousness wrochtin
a spectrum oot frae the prism o the makar.
I staun,
atween the gean an a deeper pairt o mysel
(that's the deepest pairt o awthing);
witness tae the stentless crucifeein
an the stentless resurrectin.

Blaw, whusperin souch (wrackin nou the flourish).
Blaw, whusperin souch o life –
biggin an wrackin this mauchtless ghaist.

THE INTERNATIONAL BRIGADE: A FIFTY-YEAR MYNDIN

Spain's sair syle cam drookit i their licht;
an the sair syle gruppit their smeddum
tae'ts hert – hainin a pickle; garrin thaim byde
(like Cornford, bund in Cordova's mort-claith)
tae mak growthie this sair syle fir the future.

A stowp stobbed i the steirin sauns
o the warl's indifference.

The starsheen dreels doun the nicht
on the clinty heichs o yer daithly darg;
dreels doun on this quaiter Calvary:
whaur yince, the breid o life wis broken
fir an untholeable luve;
whaur, yince again, chiels pit bye net an truan,
heuk an hemmer; tae gether ablow a licht –
that micht hae been anither birth.

I pree a strang quaich i the myndin o ye
(heidier fir its fifty-year quickenin)
a stowp stobbed i the steirin sauns
o the warl's indifference: gnomon forenent the Spanish sun,
sneddin frae the deep faddoms o eternity
a track tae lowe fir eternity;
fir as yin o their ain has scrievit:
they dee'd, as burds in flicht dee –
still fleein on.

JAZZ STREETS
(fir Miles Davis)

Nicht's causey:
close-mooths yeuky wi the unkent;
fain tae drap their gett –
a drucken stramash, or a steive corp.
Nou braks the incaain o a trumpet:
shenachy; warlock, wabbin frae's ain sowl
the dumfounerin sang.
Gangrel in a caller airt
(tho, the waement wrocht in thirldom's
aye at the sneckin-edge).

DONALD CAMPBELL (1940)

THREE SANGS FRAE *BLACKFRIARS WYND*

EDINBURRIE LIFE

Edinburrie wears a bonnie face.
It's a city o distinction, full o civic grace.
The Capital o Scotland . . . Aye, I ken!
And it has its share o gentry and substantial men!
But, oh my freens, I'll tell ye this anaa!
Edinburrie toun's no aye sae bonnie, douce and braw!
There are ither sichts for willing een to see
    – and I'll introduce yese tae them
    if ye'll come alang wi me . . . .

CHORUS: *There's anither side tae Edinburrie life,*
whaur the people bide in tenements and want is rife!
Whaur the nobs in the big hooses never go
and the Provost and the Baillies dinna want tae know!
If ye're efter vice or violence
or poverty or strife . . .
Here ye are!
On the ither side o Edinburrie life!

Every night in Paddy's Paradise
the company is couthie, but it's no that nice!
We'll be serving guid Scots whisky til aa the 'oors
tae a clientele made up o mainly thieves and hooers!
Oh, it's clairtier nor Glesga
but it's cosier than Fife
Richt here
on the ither side o Edinburrie life!

Dark Nancy and young Judy, if they're free,
will make ye just as welcome as ye want tae be!
At fitbaa, Jockie Templeton has won his fame.
Rab Nicoll, he's a genius at anither game!
If he doesna like your face
he'll re-arrange it wi his knife!
You bet!
On the ither side o Edinburrie life!

In another part of Edinburgh Town,
young Velvetcoat looks snappy in his lawyer's gown,
but he'll agree wi me that he likes it best
when he's drinkin wi the Major, Rose and aa the rest!
He's winchin oor young Kitty
says he wants her for his wife!
Puir lad!
On the ither side o Edinburrie life!

Sae here we are in Paddy's Paradise!
Aathegither on a Friday and its no surprise
wi the whisky and the banter rinnin wild and free
there's no anither place on earth we'd sooner be!
It's clairtier nor Glesca
but it's cosier nor Fife
on the ither side o Edinburrie life!

SKIBBEREEN

Oh, if ye'd been in Skibbereen,
in Skibbereen, County Cork,
in the winter o eighteen forty-six,
ye'd have seen the Devil's work!

My faither was a working man,
as honest as ony ye'd find.
Oor poverty made him cross the sea
and he left us aa behind.

I was only a youngster then,
just five year auld, nae mair.
When the famine came tae our puir hame
and it laid the country bare.

My brithers and my sisters tried,
they struggled, they did their best!
For aa they'd done, starvation won.
It finished them like the rest!

My mither had been a braw colleen,
sae beautiful and sae wise,
Worn tae waste, she looked like a ghaist
when she perished afore my eyes!

At Skibbereen, there's sichts I've seen
mair evil nor ony can tell!
Oh, if ye'd been in Skibbereen
ye'd have looked on the face of hell!

DOCTOR BELL

Hey, Doctor Bell didnae like the smell
that he found in Blackfriars Wynd!
Says he 'I think
it's the fault of the drink
and that loathsome Irish kind!'
But he winnae treat ony patients
til they pey his consultin fee
Eh?
I dinna put that ontae him
say why put it ontae me?

The folk ye meet doun in Princes Street
are toshed up fine and fancy.
Ye'd no believe
they'd swindle and thieve
and ye'd never think them chancy!
But they aa need a profession
tae pey for their finery!
Oh, Aye!
I dinnae put that ontae them
sae why put it ontae me?

CHORUS: *Aw, we've aa been born tae shift for oursels!*
We aa maun sink or swim!
Oh, Paddy winnae put it ontae onybody else
sae why put it ontae him?

Young Velvetcoat is a man of note
as aboot the toun he wanders!
Though his faither peys
for his spendthrift weys
he blames me for aa he squanders.
But he wadna build a lighthouse
or a harbour waa for free!
Not he!
I dinnae put that ontae him
sae why put it ontae me?

Now, Miss Burnet, I'm ready to bet
at hame ye live in style!
Though your conscience hums
when ye think o the slums
ye've discovered off the Royal Mile!
But you'd no be pleased wi your faither
if he let his stipend be!
Ye see?
I dinnae put that ontae you
sae why put it ontae me?

JOHN MILLIGAN (1940)

NO SAE GRAND TOUR

If ye wid be a sichtseer
O famous places far an near
An taste the verra atmosphere
O the scene
Then never, ever, gaun wi a builder
Frae Aeberdeen

A mind on the'Acropolis
An ponderin in utter bliss
While he wis half oblivious
A mean
'We would'hae feenished this in granite
– In Aeberdeen'

A scorchin day in Pompeii
Oor souls enriched, oor spirits high
O'er which marvel he casts an eye
Keen
'We would'nae hae uased jist quite sae much infill
– In Aeberdeen'

In yin hale day we did a Rome
The mason's spiritual home
The base an shell in ancient stone
O whit had been
'But we'd'a hid a this renovatit by noo
– In Aeberdeen'

In Venice we're a struck dumb
By sinkin buildins, aff the plumb
But he gauns an tells everyone
At the scene
'We would'hae built this tae last
– In Aeberdeen'

Paris
Passed
The Arc de Triomph chamfert fast
And clean
'But we wid'nae leave the stove burnin awa a day
– In Aeberdeen'

The last straw cam in Barcelona
At the progress o Gaudi's Sagrada Familia
The risin stonework a modern wonder
Tae be seen
'But we'd'a hid the roofie on by noo
– In Aeberdeen'

At last, the second week on the beach
He's disappear't an oot o reach
But by some half-built site he'll teach
Some Spaniard far frae keen
'See here, Min, this is hoo ye dae Spanish adobe
– In Aeberdeen'

EXCERPT FROM *THE AE OO*

Whether ye're fat or whether ye're thin
Yer biggest organ's yer ain skin
An that includes richt through the gut
Oo're a kindae skin doughnut
But a gey donnert doughnut whiles
An gein oor skins some awfie trials
Abusin the inner sense o stuff
Wastin the ooter sense o touch
At crucial shores whaur oor skins meet
Oor span o life is won or beat
A twist o fate's atween the twae
Jined by bursts o energy
The roll o the wave can shift the sand
The grip o the grit defines the land
An we maun gaun oor different ways
Pairtit humans but jined by waves
Wavin a far, far cheerio
Trustin tae meet on a later shore

DAVID MORRISON (1941)

A PRAYER

Gie tae me the birlin sea
    the licht o sky
    the scruntit tree.

Gie tae me the heather birn
    the wind and rain
    a dirlin hymn.

And gie tae me a strang hert
    that wrangles
    wi a mind ava.

Gie tae me the laverock's sang
    that soars tae hechts
    few ever saw;

Bit then I want ma warld tae be
    a sang, a muckle mysterie;
Sic thochts can ainly bide a wee
Fir a life that maks sair historie.

COME AUTUMN

A child tae be born
Come autumn;
A child made
By yin strang moment.

A child tae be born
Come autumn;
Anither human tae the fray
O a warld which has forgotten
Some strang way.

Whiles I say
Tae this curious brain;
        Gin the child inherits in pairt,
        He, she, inherits monie a day
        O confusion, monie a day
        O sadness, a mistraucht min.

A child tae be born
Come autumn;
Bit, ach, whit a wonder
Come autumn.

ALAN BOLD (1943)

RESURRECTION

Doon Kinghorn way, or sae they say,
  The meenister's wife wis laid tae rest;
Dug in six fit undergroon
  Wi her hauns clasped on her chest.

The wifie wis a stingy saul
  An' left behind a curse:
Whae ever laid a haun on her
  Wad dee – or somethin worse.

Up comes the sexton tae the grave
  An' digs doon in the earth
An' creaks the lid aff o the coffin
  Tae see if there's gear o worth.

He grabs her haun an' pu's the rings
An' waks the wifie up;
Wi her heavy-ringit fist she swings
An' fells him wi' a fup.

The sexton-fungel fled frae Fife,
The wifie tottered hame;
The meenister lost his faith in God –
Wad ye no dae the same?

THE AULD SYMIE

Winter is deasie
An' ootside the snaw
Churns like a salmon
In its deid-thraw.

White gettin' mair white
Piled on the stanes
Folk look stark naked
Clad in their banes.

But still the auld symie
Wi' bent kipper-nose
Maks for the kirk where
God alane goes.

KENNETH FRASER (1943)

THE END O AN AULD SANG

Suppose, ae morn, ye got a muckle stoun,
Eneuch tae mak ye think your hert wad stap:
The heidline in your paper, at the tap,
Was : 'Embro Castle tae be dingit doun.'

The word o this mishanter tae the nation
Wad cause a michty stushie tae brek oot.
The neist day's news wad be, withoot a doot,
'Scots Secretar hauns in his resignation.'

Yet the Scots leid's a treisure o mair worth
Than ony castle, an it dwines awaa
Frae day tae day, but tho we see its faa
There's gey few words o protest comin furth.

We could bigg up a touer again wi stane,
But aince the leid is lost, for aye it's gane.

ALEXANDER HUTCHISON (1943)

AINCE WUID, AN AYE WAUR

The dreary boys, the weary boys,
the boys that canna go –
Scrunty hens roon but-an-bens,
the quines that winna show.

Nae lowpin jauds, bit driddlan
slaw – wi skeel an skilp agley.
Mochie, moosy, mizzelt for nowt
fan aa the jaw gings by.

It's hit the bar or hit the fleer –
'By Christ, this sawdust's nice, eh?'
It's stirks an stovies: 'Stookie, yer oot.
Nae need t' speir ye twice, eh?'

Aa yon thirled, bunsucken crew
that quidna cock an crank it:
wid raither jouk or mooch a fry
 – or draw yer bleed an bank it.

For dreary boys an weary boys
nae wappens in the schaw –
An aul wanthriven carlin, chiels,
is aa ye'll clip an claw.

RODERICK WATSON (1943)

SHORT STORY : TROILUS

A bit houghmagandie was aa it was.
(Troy was an awfu place for that
aabody kent it, it was even expeckit,
tho nae by the Greeks at the city waas
 – a gey conventional crood they were.)
Pandar never thocht she'd faa
(but she did) til the chairms o Troilus,
an sune they were snug in his ain box bed:

Come live with me and be my love
And we will all the pleasures prove
That hills and valleys, dale and field
And all the craggy mountains yield.

– Troilus on tap o Cresseid i the dark
(narra pairts thon box beds)
an aa was auncient sunlicht an cheer
as warm as maut an as pure as Plato
(she thocht). What he thocht was 'Hey ho!'

A bit politics was aa it was
that took auld Calchas til the Greeks
(that was the lassie's faither). Politics
is the chancy thing for diplomats
an necromancers. But kennan the future
like he says, he's nae suner by the gates
than he speirs for his dochter tae jine him.
Ye micht jalouse he could really see
the waas dung doun at the end o the tale,
or Achilles' triumph in his gowden cairt
wi michty Hector pleitered in the sharn,
an mebbe he could. Bonny Cresseid
jined her da. An eftir a while
she met a Greek (a hero chiel
cried Diomede), an he didna look
sae bad til her, sae braw in his pride
as he was – an on the winnin side.

A bit hertsair was aa it was
at first, but cocky Troilus fand
that it got waur the mair Cresseid
was gane. ('Ach houghmagandie!'
says Pandar). But Troilus saw her yet
sae trig an sure as a siller birk
that's pit doun seed i the mool o his hert
an wi its roots has happit his hert,
an ruggit awa an crackit his hert
wi thrang, naitural, surprisin dule.
– See Cresseid in Diomede's tent
(chancy airts thon airmy tents)
syne see Troilus his lane on the waas.

(He wasna wyce tae faa for luve
did he no ken there was a war aye on?
Weel, he was mindit o't sune eneuch
by the edge o a sword at his lug in a barney.)

 – See the Gods haen a canny lauch
at the trauchles o aa their bairnies.

SHORT STORY : DIDO

'Aye, Dido, I mind her . . .'

Cam then Prince Aeneas til Carthage toun
wi ram-beakit boats an a host o Trojan men
in mail coats an saut-weet gear tae be unloadit
on the strand. That year fowk said that the pikes o his
band o gleds were mair nor the trees i the toun hill.
The Trojans were fair taen wi the steir i the streets: seein
new waas biggit an prices risin near as fast,
an rare-laid cooncil plans made for diggin
founs eneuch for a haill city o trade, an couthie
speeches on dividends i the drouthie banquets o Carthage.

But Dido burnt for the Prince's luve, burnt like a brand.
An nae rowth o siller nor hert's blae stang
brocht Aeneas back tae lie wi her an rule
her profitable toun. Ach . . . sae it was aa foretelt
by Venus i the wood that the bit Prince met on the first day
 – the limmer wi her bow an her whippets, an her arrow pints
baith lang an sherp that win-in sae slee. An him
sae canny, that wantit tae gang til Italy an bigg a city
for himsel (the trig rule o Rome – a stey gate)
an aye the canny ane, wi his plans for stanks an his fly
sheepskin sark, he was never really prickit in-by the hert.

'Aye, Dido, I mind her fine.'

VILLON IN THE GRASSMARKET

A version from The Testament

This is the thrittieth year o my age
Whan I've puked my shame an boozed again
No wice, no sage,
An mind the mony scarts I've taen
That were deliverit, each pain
Frae the soapy haun o Wullie Valentine
Himsel a baillie (a maist haly ane)
An no a favourit uncle o mine.

(He's no my boss, he's no my baillie,
Though I paid him rent for a room like a ditch,
I owe him neither fags nor ale
An I winna be his fraisie bitch.
A haill simmer I fed rich
On pies an tea insteid o wine
– A guest o the toun! No maitter, he's an itch
That God'll scrat in His guid time.)

An sin I'm feelin thin an douce,
Though my purse is feelin thinner yet,
For as lang's I've got my guid Scots nous
(As little o't as God's wi'in me set
For naebody else has gien me a taet)
I'll mak this oot, a fell testament
My last will itsel, fair an set
Doun firm, tent tae be permanent.

It was screivit in the year saxty-yin
Whan I was let oot o that yerd
Atween the dour waas o Sauchton
Bi the guid Provost's ward
(An he'll find me a faithfu bard
Till my hert turns rotten
Black an still aneath the yird
I'll thank him. He winna be forgotten.)

Eftir aa my trysts an tears
An sleipan oot aa my lane,
Eftir galavantin for years
O dule and darg an creakan banes,
I'm learnan aye, an no i vain;
It's eatan straucht frae oot the bottle
That keeps me gaen whan it rains
An tells me mair nor Aristotle.

But I greit for the licht o my youthheid
(I loed it mair nor maist)
Til eild cam on wi'oot remeid
An raxt it frae my face.
It didna flee on foot a pace
Nor ride a horse awa,
But suddenly it was a ghaist
That left me wi the dawn.

It's passed, it's passed, an I'm hodden
Here wi my wits an my senses gane,
Trauchled, sair, an soure as a rodden,
No land nor siller o my ain;
That uncle o mine – I ken it plain –
He'd like to see me hung,
He'd lowse the ties o bluid an name
Gin e'er I askit him for a bun!

Yet I've never spent owre muckle gold
on limmers an intemperance,
For love I've never bocht nor sold
Nor brocht my friens til their mischance
(Abies there were a few wee pranks
I'm no that kinna thowless beast)
An though I like tae heid the dance
A blameless man sud haud his wheesht.

Aye, its true that I hae loed
An find the thocht o love appealin,
But cauldrife hunger gies the grue
Til that, an its dowf stang has aiblins
Daen awa wi aa my lovin feelin.
O its grand for them wi a cellar at hame
That's stappit til the vera ceilin
Tae sing o coortin wi an empty wame.

Michty God! If I'd stayed at school
Whan I was young and dancan flings
I could hae cashed the gowden rule,
Bocht a hoose, an slept on springs
(Gin e'er I cared for sic Godly things)
Insteid o playan the prodigal loon himsel!
Screivan this, remembrance brings
The drumlie taste o cinders in a well.

O I was glad tae heed the preacher's voice
(An never thocht I'd rue the day)
Say, 'Rise up my boy, rejoice
In youthheid's ramskeerie way';
But ach there is anither lay
He sings, a laithlie mass
– That youth an aa the floures o May
Are nocht but slime an *vanitas*.

Whaur are aa the skeelie singers
That I drank wi in my time,
Drouthie talkers, bonnie fechters,
Sae free wi love an breid an wine?
They're deid an cauld lang-syne;
There's naethin mair o them tae see,
An nocht but trauchle that they tine;
Sae God save the lave o us, an me.

There's ithers o us hae become
Godly baillies, lairds and maisters,
While ithers freeze an live on rum
An only see guid food in picters;
Some hae even come oot teachers
Teachan weans tae mind the cane,
Pay their taxes, say their scriptures,
There's mony different roads we've taen.

God'll shairly keep the heid-yins
Wrappit in creesh an peace at hame,
Sin they never kent the dirl o needin
There's little use tae speak til them;
Yet for the puir aa by their lane
Eatan on a budgie's pittance
Baillies never lack the haen
Tae coonsel us on breid an patience.

They tak their gin in barrels broached,
Sauces, broths, an muckle saumon,
Tarts an cakes, fried eggs or poached,
Steak an chips, or sautie herrin;
An juist as close as the learit Masons
Wha's secret signs ye canna tell,
They keep a cheery, kindly face on's
While ilk ane fills his gless himsel.

But that's tae tak a different gate,
We maun let a flee stick til the waa
For I'm no baillie, beak, nor magistrate
Tae weigh oot sins frae the toun haa;
My ain flesh is the brucklest o them aa
(Praise be til God's name!)
But let them bite on this, an chaw,
For what's written's written, aa the same.

Ballade: Envoi

Til the business men an travellers,
Baillies, priests, the lads o pairts,
Pub philosophers an bruisers,
Eytie waiters an wee tarts
Wi mini-bums an maxi-coats,
Een til thae cocky student wits
Wi their hair an beads an flourie shirts,
I cry peace an caa it quits.

Til the lassies wi their tits in blinkers
Tae bring-in the bigger fish,
Til the tweedy rugby drinkers
That push an sing an sing an pish,
Til the whores that wink an wish,
Gowks, gleds, worms an rabbits,
Til aa thae craturs o the parish,
I cry peace an caa it quits.

Mind you, there were some sons o bitches
Garred me rin an shit in squirts:
For them wi truncheons in their britches
I widnae gie a dried dog's dirt
Nor lend them mair nor burps an farts.
But sin I canna dae it while I sit
(An I'm a man o tender pairts)
I'll cry peace and caa it quits.

Je crie a toutes gens mercis.

Je crie a toutes gens mercis.

KATE ARMSTRONG (1944)

THIS IS THE LAUND

This is the laund that bigs the winds; winds big the cloods;
the cloods, the weit, the weit, the grun; an antrin steer
o syle an rain. Thon frimple-frample watter rowin
frae Kenmore tae Dundee is cried the River Tay.
It's no the Tay ava. The get o aa the oceans
fae Mexico tae Greenlaun, gift o a cloodit warld
an we wid awn it, screive it. Siccar the wather-man
ettlin tae shaw the springheid, warstles wi his isobars
an seeks tae trammel fer ae day the fricht o kennin
the yird's sclenter. Tae whitna maitter scarts atween these banks
on loan a whilie, we sall gie particlar name. But gif
the medium be the message, raither mind hoo thocht
or scoukin haar kenna the immigration laws.
Frae muckle warld tae muckle warld, bairnie tae mither,
spicket tae seiver, onding tae quernstane,
sae Scotlaun's fowk, skailt frae ae clood or ither
intil a sheuch descrives them as her ain;
sae ilka braith an ilka tear ye share, an antrin steer
o rain an syle, a thocht baith gied an taen.

GRAFFITO

See cairdboard kists, content an commentar
In fower fremmit leids, an ane o them yer ain:
Thon's oor new tenements, bield fer the fowk;
Package them wi a street-name, fine, feenish,
an cry them Nummer Thousand and forty-two.

in the beginnin wis the ward
grawed tae a cairdboard kist. A chiel
thocht vaunty, screivit in the derk
Thon's no ma name; cry me Hentool,
Tongsyabas, a yaird o reid an blue.

They harl new hooses. Oor auld leid has taen
a coat o manky pebbledash forbye, that derns
the bricks and mortar o the hert.
Nae biggin bides fer aye. Dinna be feart;
Naethin sae braw's the name o oor laund.
Gie it a name, an mak it true.

Scotfegs, Scotherbs,
Scoterse, Scotbog, Scotfag,
Scotspew, Scotfit, Scotsfahae, Scotlan
Scotyabas,
Scotya.

whit sall a man dae, kennin at fund
the barkit, porous stuff ablow the skin
but big his ain screed, big it reid
an rantin, hap the warld anew.

In the beginnin wis a grain o sand
that fund anither. O their get
tane grawed, the tither didna. Sae it went.
Stanes are fer chuckin; stanes are aye tae haund.
Wee antrin syllables fund their yird
lanesome. Ae day, a scriff o wind

skelpit them intae a spray-can, intae life.
Nae man casts concrete owre me.

Stane ding doun
stane ding doun
stane ding stay
doon stane staun
stane alane
naethin sae siccar

as that we luik on ilkanither's hoose
an hunker, gin we find it, in oor ain

as that the leid ye screive dunts mine, mine yers,
twa cairdboard boats aye rowin the yae sea.

A MODERN USE OF ENGLISH

Ye're aye dead busy, ye daft auld hizzy,
Tryin tae mak me speak braw;
Ye'll sune be deid, an aa the wards in yer heid
Ll've deed an a.

Very is nae longer any bluidy guid, ken, teacher;
Most is one we'll never miss, Miss, us is aa agreed;
Utterly's a ward fer nuts like ye tae utter –
The ward ye need is dead, or maybe deid.

Dinna fash me, Miss, wi yer 'wide vocabulary';
Stremely's got an ex, sae ye ken it's frae the past.
Dead guid, yer wee pals Jesus'n Mary,
Absolutely cannae last.

Absolutely, ken ma roots, away from the solutely,
Auldspeak, ab, it's like the ex, means it's auld,
Like yer wee chum Marilyn Monroe, dead bonny –
Thon big tit leaves me cauld.

Dead's the livin language o the people,
An Ah'm dead right, Ah tell ye, ye are wrong. . .
Tryin tae tell ye onythin's a richt dead loss, teacher –
Dead's the word, an ye're a dead end, been around owre long.

Thank you, Elizabeth. Yes, that will do.
That was one minute fifteen, and I said two.
'A modern use of English' – well, you've some thoughts in your
head;
Quite well done, Elizabeth, though maybe not well said.
Oh, stop that silly crying! Did you think I would be vexed?
Sit down, Elizabeth. Now, who's next?

FER MARTIN LUTHER, WILLIAM LORIMER & JOCK TAMSON

Hoo did the meenister aye speak braw?
An whit wis he cried? Ah mindna ava.
Aince, lang syne, in ma halflin days,
Ah spak wi the tung o thon angels seemin
adrift in the auld reek, an aye shiftin
on endless stairs tae the heichts, liftin
the likeliest; speak posh, dinna be blate
an ye'll flee up tae jine em, aye, singin praise.
Werena we a maist perjink, aye dreamin,
dwamin o hoo thae weel-spoken lads
wid clap yer shouther, haud yer haun, cry ye brither?
Aye we spak owre muckle, didnae hear
furder ahint nor the thrapple, nor speir
whit wis yon yird in the cloods;
aa we kent, it wis up we were gaein.

Wir dominie learned us the lives o the great
o lang syne. Ah mind o they. . . . weel, some . . .
Hoo dae the dominies aye speak braw?
Whit bides wi me, noo that Ah'm auld an faw?
Whiles noo, Ah mind o yon Luther, his screivin:
Herken, ye priests, tae the bairn in the close,

tae his mither at hame, tae the chiel at the mercat;
they'll learn ye, yer buik-grubbit Latin is fause –
eneuch o thon. Ye ken fine, Lord, Ah'll be deivin
ye deif. Heaven forfend. Ah wis sayin?
Whit happened? Weel, maist werena taen,
leastweys, no that Ah ken,
amang the elect in thon braw airt,
Whit rises, dads doun. Ye dicht
yersel, it's no the end o the yird.
Apin their blether! See yon Luther, he's richt;
fitter an few, frae the hert's owrecome,
the wards in the tung o men;
an the skail's slaw, frae the fause grace.
An ken ma ain leid. Ye'll tell me ma place.

Sic a hantle wards sin he's passed awa,
an naebody's telt me gif Luther spak braw.

MARY

The hoose door shoogles. She's iled it fer the skirl
O the girnin hinge, but it swings aye.
Ilka day she howders wi a sey tae the wal
In the yaird ootbye.

Orra sma fittie baists fimmer an flirr
On her flagstanes. Sea-maws twirl mirligo.
A peat-stack's cowped aroun the door.
Scarts breenge ablow.

Says her brither-son, in the mercat toun,
Wi a smilin, three-years' bride,
Affen we've axed her, wid she no come doon
Tae us tae bide.

Twa thousand on a new piano she's spent,
Her age, an nae electric. Wis it needed?
The auld yin wis feenished, richt eneuch, we kennt.
We werena heeded.

Hornshottle croftlaund, whaur the wind sings tae the gress
At catches the yett's fingers; whaups cown.
Black-broukit music sheets scouk in the press.
When the lift's lown

Frae the Tilley lamp, an the stour hauds its braith
Fer the lid's liftin, sae she sits doon,
Donnerin the hert o her sma warld's graith
Wi the steerin soun,

Forleit her echty year; mind o the laverock speerit,
On skinklin keys her yird-broon fingers fleein,
Biggin a siccar hoose, aye biggin forrit
Ayont time, ayont dreein.

QUAIT, NOO

Frae the German o Heine, c.1840

We dover, sauf in wir ain mirk,
Like Brutus. Mind, he wauked an dirk
Stickt intae Caesar – aye, cauld steel;
Thae Romans tholed a teerant ill.

Ain bent, ain gree taks ilka fowk.
Nae Romans, us. Let's hae a smoke.
But keep wir grandur fore yer eyes,
Fer Wallace maks the rarest pies.

Noo we're the Scots, fine chiels an braw.
Guid vegetables, we sloum awa;
Waukin, ye'll find us aiblins drouthy,
But no fer bluid, ken, we're mair couthy.

Gin Brutus, speirin, cam wi's dirk
Keekin amang wir pine an birk,
Nae Caesar he'd find at wir heid...
Kirrie's weel kennt fer gingerbreid.

Faither – or mitherlaund? Fer why
Does naebody ken which tae cry
Scotland? We aa ken fine we're brithers,
But whaur's the faithers an the mithers

We heir it frae? St Andrews Hoose?
Thon chiel whae screivit tae a moose?
Somewey we dinna care tae awn
The Laird o This an Duke o Thon...

The burocrats, then, it maun be,
Multiplicate paternitie;
Gotten, forgotten abune Auld Reekie...
Ye sud pree Baxter's Cock-a-Leekie.

Whan sic a faither gaes oot walkin,
Weel-grawn weans steck their gab; nae talkin
Forbye, 'Sir, make yourself at home.'
Nae Ides o Mairch fer us. Nae Rome.

DAVID OGSTON (1945)

THE STOP LICHT

The hinmaist fortnicht o my mither's cancer –
The cancer they could only hinner some
Wie radium – the days gaed bleezin by
In simmer heat that birsled skin
An powkit doon intae the marra o ye.

An ilka gloamin faan the lift abeen
Hid queeled again, a new sin scuttered
At the yetts o mirk: a reid roon
Greeshoch, perfect circle, like a licht
That stops ye at a cross-roads.

Like a licht that stops ye.

REHEARSAL

Cameron wis gweed eneuch
Tae gie's a lift faan
We wis ready for Wellshill.
'We'll bring ye back' he said.

So aff we set in the hearse,
The fower o's: the driver
An Cameron in the front,
An the twa o's in the back.

There wisna juist a lot o room
In the wee seat. My knees
Wis a bit scuffy for clearance
An I hid naebody tae spik till.

My heid wis echteen inch
Awa fae polished timmer,
Bress and tassel. I suppose
Ye could say I wis boxed in.

Up at the grave-side I wad
Warsle oot, bit funny – been
An shooder stuck an baith
My feet wis sleepin.

'Dae ye want a haun oot?'
Says Cameron, so I grippit
His haun an loot him rive me
On to solid grun.

Actors, they say, afore the play
Gets yokit, plot positions
On the boords wie chalk
So's they will ken their places.

Some ither day, faan I get helpit
Fae a hearse, they'll be bumbased
At sic a smooth performance.
'He's deen't afore,' they'll say.

TWELVE SCOTTISH ICONS

VRICHT
Makar o aa things,
Christ the vricht.

SMITH
Sorter o connached things,
Christ the smith.

FISHERMAN
Reader o roch seas,
Christ the fisherman.

HERD
Eident kenner,
Christ the herd.

PLOOMAN
Brakker o new grun,
Christ the plooman.

TOONKEEPER
Watcher o forhooiet places
Christ the toonkeeper.

GRIEVE
Rowster o sweir chiels,
Christ the grieve.

ORRAMAN
Maister o aa trades,
Christ the orraman.

BAXTER
Banisher o aa want,
Christ the baxter.

MINER
Howker o braw seams,
Christ the miner.

DYKER
Bigger wie bare hauns,
Christ the dyker.

PIPER
Stirrer o hert's bleid,
Christ the piper.

SHEENA BLACKHALL (1947)

BAIRN SANG

There's a hole i' the sky,
At the back o the day
Tae gang til't naebody daurs,
For there, like a barfit bairn stauns nicht
Wi his neive stap-fu o stars.

The day creeps oot wi a hirplin gait
A gomeril spent an dane,
Its lowe burned grey as a ghaistie's goun
An the gloamin glint in its een.

An ben yon chink, at the back o the cloud,
Far the settin sun sits reid
Fleerichin up, till an unkent hame,
Are the souls o the newly deid.

There's a hole i' the sky
At the back o the day
A place far naebody's been
Till Daith, the lanely leerie man
Cams steekin their waukrife een.

THE TRYST

Twa lovers trysted bi the birk
The lass had munelicht in her een
Bit creepin saftly throw the mirk
The waukrife lad had nane

Warm wis his kiss, an strang his airm
The blin-sicht mowdie turned awa
Nae lad sae fine could mean her hairm,
Her bridal guest, the hoodie craw.

A lass gaed up the ferny hill
A gowk cam back, wi feint a wird
The cankered wirm wis on its broo,
An in its wame, the yird.

YALLA

Yalla's a playschule sun on a bairn's pictur
A budgie's poop o a colour,
Skyrie's a fried egg.
A meenister wadna gie it a secunt luik
It's the margarine clort we butter on public laavies
Ye see it, shakkin a leg on a dandy dyeuk.

Splytered ben Daft-Hoose waas
It's common as muck.
Tae be tholed in teenie doses
Like a flu injection, mebbe
It's the coordy-custard Bully-Boy Big-Buck
Stripe, on a wasp's semmit
Birslin as mustard, fand in a fremmit
Vase o Van Gogh flooers.
It's a hoor's peroxide hair
An ahin-the-Gas Works colour
O Chastity laid doon wi its bumbee bare.

Excitin's a burst plook,
Its an explosion o pus
An incubus o a tint
That fell aff the back o a barra
A dog's-braith colour, yon's yalla.

MAIRTIMAS

The trees hae tyned their cloots
Nippicks o leaves, like tapsalteerie fire
Turn reeftaps, cassies, burn, brae an byre
Bluid-reid-organdie, aawye colour-ableeze.
A swatch o wud Matisse ower lum an spire
Yon ripe flamenco, kinnlin mirk an mire.

Nae blade gaes hirplin oot
I' the tumblers' gran finale
Jinkie parakeets, ilk glimmrin ember
A flounce o flownie, flashy, flisky Parisienne
In cauld November
Stoppit aneth ma buit
A weet blot sypes like gore, frae a Jenny-wren.

The haar that hings ower the loch
Is neither watter nur cloud
A ghaistly plaidie happin the warld's waes
Haudin its braith i' the deein days o the year.
Frost dings pearls o siller, ooto the swan-fite lift
Queer trees are carlin-teuch
Wi a corp-like grue, wytin the hinmaist shift.

DAITH'S FRIEN

Daith lowsed the snib on a baillie's yett
Stap-fu wi a rowth o gear
'It's easy kent b' the braisse name-plate
Adversity's ill-liked here.'

He'd puckles o' calls tae mak yon day
Bit damned, wid the baillie dee!
Did Daith nae ken, he wis due at ten
Fur gowf, wi the commattee?

'Ye'll dee as ye're telt fur aince,' quo Daith
Like a dentist pullin teeth
At ilkie rug, in his lang black lug
The baillie screiched oot 'Thief!

I've ten years owin me yet,' he cried
'I've friens at the verra tap!'
'An ye'll be needin them aa,' quo Daith
An swallaed him, neck an crap.

Daith climmed the stair o' a gangrel chiel
On neebourly terms wi wint
Wha's life wis bare as a tinker's pooch
Wi the cauldrife win ahint.

'Ye're welcome, man, fur I've waited lang
This day, an the hale year roon.'
An Daith an the gangrel, linkin airms
Gaed whusslin through the toun.

MAUD DEVINE (1948)

WURD CAIRNS

Thoan's
ma cairn
stane oan stane
aye cheyngin aye growin
wurd chukkies wurd bools cast

atoap
a mountain
bi trauchled boadies
a puddin hill o reachin
frae yin oanganger ti anither

See
ma cairn
isni a pyramid
symmetrical hewed wurld wunner
desert tomb fur Pharaoh's whigmaleeries

ilka
bloak bevelled
yin queemin tother
airless sunless nae sneck
fri apex ti beddin-stane

like
the makkar wis
some kinda ingineer
wi ruler graph papyrus
an setsquare trigonometrisin the universe

Cairns
maist like
urni fur poasterity
gin yira hieroglyphicographer
hellbentoan cuneiform ur rune deceiferment

Thirs
gey few
-ists or -isms
flat flags whas the
larach stanes o deed universities

Thirs
forrin wurds
amang thae boulders
ghettoblastin day trippers leavins
nonbiodegradable Coke tins pizza plastics

No
that it's
some kind oa
Celtic Nordic staundin stane
magnificent menhirs deed as dinosaurs

Scotticus
Tyrannosaurus Rex
bogboadied peabrained fossil
Whirs yir roar noo
Under thae millenia of silence?

Yiz
shid lissen
Cairns huv echoes
silent speak o ghaists
staundin shadaless ower the cairn

Yarl
agin Caesar
wurds daein battle
on blood soaked earth
Roman bevvier versus Vikin drunk

Yil
no see
carved croasses here
petrified trees o life
skyline silhouette oa Celtic Twilight

Some
forrin film
shotina dreich city boneyerd
shreikin wind knackered trees
heedless angels an vandalised croass

See
thae wurds
ir like weans
tenement bred puddle howk-chowkers
huns an greetin Garbos grown

ti
men wummin
nae sonnet cooin
'Gaun get ti fuck'
Saturdi back lane lovers talk

Her
bubblin screichin
like a hen
'Thisis no love'
WANKER HOOR PRICK CUNT FUCK

Wurds
o love?
Naw jist wantin
bullmad slaverin rantin
her wee dream bubble pricked

Aye
ma cairn
thoan's luv
the petrified wee jorrie
weans rowl doon clatty drains

Thir
aw there
Did yi think
thi wirni clean inuf
ti howk oot the syver?

Man
wummin wurds
atoap the brae
nae Byroanic lament but
belangin there like spiky thissels

Lissin
nae answers
jist a speir
whaur the wund yowls
eerie through thoan wurd cairn

An
me gangin
doon the hill
ains cast anither stane
ti keep ma cairn growin

JANET PAISLEY (1948)

SHARLEEN: AH'M SHY

Ah'm shy. Aye, ah am. Canny look naebody in the eye.
Ah've seen me go in a shoap an jist hoap naebody wid talk tae me.
Things that happen, likesae – yer oot fur a walk
an some bloke whits never even spoke afore goes by
an he's givin ye the eye. See me, ah jist want tae die.
Ah go rid tae the roots o ma hair. Weel it's no fair, is it?
Feel a right twit. See ma Ma. She says it'll pass.
'Ye'll grow oot o it hen.' Aye, aw right. But when.
Ye kin get awfy fed up bein the local beetroot.
So last time ah went oot – tae the disco,
ah bought this white make-up. White lightning it said.
Ah thought nae beamers the night, this stuff'll see me aw right.
Onywey, there ah wis, actin it. Daen ma pale an intrestin bit.
White lightning. See unner them flashin lights.
It was quite frightnin. Cause ma face looked aw blue.
See, when ah think o it noo, it was mortifyin.
Cause they aw thought ah wis dyin, an they dialled 999.
Fine thing tae be, centre o awbody's attention, me.
They hud me sat oan this chair, bit when they brought stretchers
in,
ah slid oantae the flair – an jist lay there.
Ah thought, rule number one, when ye've made a fool o yersell
dinnae let oan, play the game. So ah let oot a groan an lay still.
Until this ambulence fella feels ma wrist,
an then he gies ma neck a twist – an ye'll no believe this.
Bit right there an then – he gies me a kiss.
Blew intae ma mooth, honest. God'strewth ah wis gasping fur
breath.
Jist goes tae show yer no safe, naeplace these days.
Onywey ah blew right back, that made him move quick.
Fur he says are you aw richt, are ye gaun tae be sick.
That's when ah noticed his eyes – they were daurk broon.
An staring right intae them made ma stomach go roon.

Ah felt kinda queer, an he says, c'mon we'll get ye oot o here.
Bit ah made him take me right hame – though ah'm seein him
again,
the morra. Aw the same, how kin ah tell him dae ye suppose,
that when ye kiss a lassie, ye dinnae haud her nose.

MAGGIE: YE CANNY WIN

Felt grand drivin hame, brand new caur, latest gear.
An there's the street an the hoose, same is ever.
Like ah'd nivir been awa.
An them aw pleased tae see me an no lettin oan.
Jist a groan fae ma Dad whin he sees ma new mini.
An oor Sharleen pinchin ma froaks
though she kens fine she's far too skinny fur them.
An ma mither actin like she's feedin a refugee,
cookin a week's messages jist tae gie me this enormous lunch.
Onywey ah thought ah'd go oot fur a bit efter it.
An there's me prood as punch, feelin like a queen
an gaun ootae ma wey tae see an be seen.
Bit ah hud reckoned withoot ma mither.
Time ah gits back she's aw in a dither.
'Wull ye think whit yer daen,
yer no hame five meenutes an yer oot there showin aff.
Ur ye daft?'
Daft is it, says I, an why's that?
'Need me tae tell ye, oor Maggie,' says she,
'Whit'll folk say? Dae ye no think yer gettin above yersell?'
Well, ah hud a look up jist in case
bit ma heart sank aw the same fur ah felt in disgrace.
Ah'm stood there like a wane wi a burst balloon.
Ken there's nane like yer ain fur bringin ye doon.
Ah wis right stuck fur wurds, bit that didnae last long.

Ah said, mither yer wrong.
Ah wisnae showin aff the wey that you mean.
Ah wis oot seein ma auld pals, fundin oot how they'd been.
Bit there's nowt wrang wi sayin ah'm daen aw right.
An ah don't give a shite fur whit folks'll think
jist cause ah'm no stuck ahint some kitchen sink,
or turnin tae drink, or takin' drugs,
or gaun oot of a night muggin some auld wife
fur her life savin's cause ah've goat nowt
an that's the only wey ah kin feel that ah'm owt special.
Or bein like Jock-ower-the-back,
he thinks managin means staunin upright wi a skinfu o beer
an success is bein able tae cheer the winnin team oan a Setterday.
Naw, naw ah'm prood ah've done mair.
Whit should make yer heart sair is seein folk round here,
feart tae staun up, feart tae strike oot, feart even tae try.
They're aw ashamed tae aim higher
cause they've been made feel
they've nae right tae aspire tae onything better.
If they learned tae be prood o whit they're good at theirsells,
they'd be mair generous whin ithers make guid.
Bit naebody's gaun tae stoap me bein gled that ah did!
Well, she faulded her airms, sniffs as if she's in pain.
'Maggie,' she says, 'don't you ever sweer in here again.'

SANDRA: IN ALL INNOCENCE

Ah'm deid oan ma feet – an if ah meet wan mair guy the night
thinks ah'm needin a run hame ah wull maim him so ah wull.
Och, ah ken they mean weel
bit they make ye feel like a waste o a guid lamp post.
'Dinnae hing aboot here, hen. Share yer aw right?'
Bright they are not.

Cannae spot a pitch till ye spell it oot, they're that slow.
An then when they get it they don't want tae know.
Ah mean, that's bin ma night.
Twa offers o lifts an wan wantin a light.
He wis a right wag. Turned oot he really meant fur his fag.
Still ye've goatae dae yer bit.
Ah mean, ah huv tried livin oan yon benefit. Wis doon there last week.
Course ah hud tae speak tae her majesty. The wan wi the eebroos.
She's sut there, wan up an wan doon,
starin at ma tattoos an ah'm tryin tae tell her
ah've goat great big holes in the soles o ma shoes.
Sympathy, furget it. Yon's ower busy lookin doon her nose.
'Ah um share whit you spent oan those wid huv paid fur new footwear.'
Then it wants tae ken if ah'm still lookin fur work. Whit a burk.
So ah pints tae ma feet. An jist jokin like, ah says,
Naw they only goat that wey fae walkin the street.
That's whin baith eebroos scoots up intae her hair
an she lufts ower a form tae claim fur busfare.
Ah'd hud enough. Ah said, jist stoap right there,
an ah leaned ower the coonter an telt her tae stuff it,
ah'd git the cash aff her man next time he fancied a bit.
Well – maybe that'll stoap her actin
like it's cummin oot o her poakit.
Bit aw this unemployment's makin life tough.
Hauf the punters are skint an the ither hauf's gay.
Ken there's nights oan this stretch ye couldnae gie it away.
Ah've been thinkin.
Mibbe ah should git mairrit an settle doon like ma mither.
Git aw yin man's pey oan a Friday insteed,
an whin it comes tae the ither ah kin huv a sair heid.

RON BUTLIN (1949)

IN MEMORIAM JIMI HENDRIX

Haudin the breidth an hecht o the universe
wi the Deil at his richt haun an God at his left,

his fingers were gropin amang stars
fer the sichtless quasars
that boomed inside his heid.

Yin meenit ran a lifespan an back
as his hauns thrummled wi the years,
yin weirdless keek an the warld couped . . .

. . . an we're left whisperin tae oorsels
hou yince the planets circled us.

HARVEY HOLTON (1949)

FINN: AN EXTRACT FROM A POEM-CYCLE

FINN NAMES THE BEGINNINS AN THINKS OAN THE HUNT.

Owre oceans of blossoman sea-bree oor brocht,
frae fire i the dawan tae the makan o mairches
an the castan o cauldrans at binds us baith.
Oo'l wark wi oor wulls an ah'll hecht ye ma heid
fur foresworn oo are tae blance as brithers,
born you an me Bran tae gie grace tae the chase.
Sae owre bens o broon bracken ah'll gar yer guts pech,
amang weit allers an blawn leaves o birk
oo'll chant oo oor charms fur him at mates i the mists.
Heich oan the hill or doon by the burn
oo'l find oor prood prey, the stootest o stags,

an him will oo hunt, thon bonniest o baists
whase heichest o heids in the finest o fechts
has gart him get greatly thon greatest o gifts;
bold bull o the heichlans wi awe his douce deer.

FINN SPIES THE DEER AN SENDS THE DUG BRAN OOT-BYE

I the dreich licht o dawan oo're brocht frae oor beds
tae kinnle richt quick the fey fire o day
an mak fur the mairches, the maist hameless o haunts.
Heich owre hazel-shaw, owre hedder oo hechle
sweit staunan sterk oan body an brou,
drookit by drizzle frae alien airts
oo schauchle tae shelter tae pick at oor piece.
Syne cauldrife claitteran the scree frae the summit
byles up the bluid wi the chaunce o a chase.
Sae saftly an slyly oo rise frae oor reistan,
creepan richt quietlike owre weit stanes tae see
the great baist o the bellan staun sterk oan the sky.
Noo git guid by thon gully Bran, whaur ye see the whin,
an come up anent me wi the wund in ma ee
that quickly oo'll kep him syne quaff at the kimmeran
thon wierdest o wines at gied birth tae us baith.

BRAN OOT-BYE, AT HUNT OAN THE HILL

Lissen! Ye'll mind thon day,
that Bran set the stag hill-heich.

Owre broken bracken peeld pads
craicklan quick; owre mairch muir
taiglan tongue licht laps

derk dubs;
                    but licht liftit
noddan neb wund watches
gaitheran his gait tae hecht heicher.
Aiblins abune still; fer-bye fechtan,
fer-bye fleean, he gaes gaitward
fuitless fuitsteids giean girth
tae Bran's back: fleean forrit
fower fuitit doggit daith.
But sent seekan by a mindfu maister,
he himsell horn huntan,
it's nae naethan lees or lowe
but ane o royal rank, ane twall times horny-heidit
the hairt hankers.

Bran's been sent speiran stick an stane
fur the coorse kep baith begs.

THE WEATHER BRAKS AN HARD STORMS COME IN

Syne awe airts breingean bulge
wi claitteran cloods. Sea-bree streaman,
storman strecht high owreheid
wi joukan jaggit breikit blasts.
Aingert airts breingean brak
strikan sair the guid-like grund
whiles whummelt oo wanner
torn an trackless in gapean gullies
o derknan an dreid. Lost an laich,
rantan oo wrastle wi ettled eeliments
gart tae gaird their sair socht
orra offspring.

FINN DAURES THE WEATHER AN SETS TAE SPEIR THE BAIST

The wunds noo are wailan, sodden wi snaw drift,
the licht draps doon early like the hind aff the hill
an wi them wanders, doon tae the laich land,
their lofty laird, him ats wise tae oor wies.
Are ye fit Bran tae find him whaun he walks i the wud
the wierd o the wilderness ettlean his ee;
his heid held the heichest, his royalty remarkit,
o awe his authors the boldest an bravest.
Shairly he'll share his solemn sworn secrets
fur speir him oo sall gin awe the wild weather
ats workit oor wie.

FINN TAE THE DUG BRAN AT THE TIME O BELTANE, WHEN THE HUNTER LEAVES HIS WINTER QUARTERS WI THE FOWK TAE GING ALANE

Aye Bran but the times noo tae ging
ahint the herds tae purer pairts.
The white wonderous wund has hud
o the lift, lichtan dawan an dwaman
an sae oo maun shankit heicher yet than herds
tae whaur nae wunds wail an wanderan
breezes winnae blaw. Ayont the yellow broom,
the reid berry, the warm wund,
the clean craig, tae whaur oo baith belong.
Sae haud yer thochts tae the thresholds,
                    the benmaist mairches,
an fire, watter an fare tae yersell keep close.
Fur six sair months the folk hae fed us,
but smoored syne, the auld fire fed
nine tae nine times wi nine wild wuds

is quickly kinlit, an thon fren fire
beelds baith baist an cast crop.
In the sooth land, whaur lasts tae be fund first,
they'll feed thon fire for monies a fower seasons
but noo the bold bachelor o winter wanders
wooan wives heich oan the heichts.
The minds marrow oo hae had,
sae see calmly an clearly,
an yarrow an hazel oo hae fur bricht they be
an shairly show wi charmit chaunts
heard frae heids the baists biggan.
Sae tae it syne. Step ye sunwise Bran:
let lowse the coorse an kep.

SONNET

Sain oo maun mak oor wie back tae oor beginans,
this track oo maun tak whaurer the road reenges
for broad though its back is, an the load never lichtans,
oo aye sowed the seed in a code that ne'er cringes,
that's no crowed or cowed but places the patterns
that chases the chowed faces o faithers
in races an regions o graces an glimmerans
whaur senses are senses an meananless for mithers.
Sae chauncless noo oor chaunces that witless they are worn
bi bodies whae are blameless yet featureless in form,
featureless an formless as banks whaur watters borne
whaur nae hanks are hameless in stanks or in storm.
Sae winks the wame-licht that blinks intae birth,
that thinks o thrawn links that oo maun mak wi mirth.

DONALD GOODBRAND SAUNDERS (1949)

THE HURE AN THE THIEF

Frae Heine: 'Ein Weib'

They loed ane anither dearly,
The hure an the thief,
An whan he plied his mirry trade
She'd lauch hersel to sleep.

The days they spent in pleisure,
The nichts, lay side be side.
Whan they took him awa tae the jylehouse
She laucht frae the winnock wide.

He's written her a letter:
'My hairt, O come til me,
Withoot ye, I canna thole . . .'
She laucht till the tear blint her ee.

At sax i' the morn they hangit him,
They yirdit the corp at aucht,
And as the toun bell toll'd for noon
She drank doun the reid wine, an laucht.

FRAE OUT MY SAIR ENTIRE

Frae Heine: 'Aus meinem grossen Schmerzen'

Frae out my sair entire
I mak smaa sangs;
They seek, wi soundan wings,
My dear desire.

They've socht an fand her hairt
O luve, but still
Come greitan back, nor tell
What they've seen there.

THE FIRTREE

Frae Heine: 'Ein Fichtenbaum steht einsam'

A firtree stauns his lane
On a dreich norlan scar;
He dwynes in sleep, as winter
Haps him in a plaid o haar.

He's dreaman o a palmtree
Far in an eastrin airt,
Greinan alane an quait
Atower the brennan scree.

THE EERANT

Frae Heine: 'Die Botschaft'

Mount and gang, my leal gudeman,
And ride baith brisk and bauld;
Spur your horse ower muir and moss
Till you win til Duncan's hauld.

Syne ye'll smool in be the stable yett
And speir at the stable lad,
Whilk o King Duncan's twa dochters
Is lookan tae be wad?

And gin he says 'The broun-haired ane'
Haud hame wi the word belyve,
But gin he says 'The gowd-haired ane'
Ye needna step sae swythe,

But send tae the chiel that twines the tow
For a hantle o hemp sae thrawn,
And hooly ride, and silent bide,
And gie't intil my haun.

ROBERT CALDER (1950)

LE COUCHER DU SOLEIL ROMANTIQUE

Eftir Baudelaire

Hou braw, bauld, the sun is when new, fresh risen
its greetins shouer the warld in an explosion;
happy him that wi lo'e and in pleisure can
cry its sinkan doun mair grand nor a vision.

I mind owre weel: I've seen flouer and rigg and rill
swoon aneath its ee, hert trimmlin like a reed;
ah, rinn ti the horizon – it's late – we'll need
tae hurry ti catch ae last ray bidesna still . . .

I waste my time gaein eftir thon god withdraws!
Unopposable nicht is fetchin aathing
til dank black charnel hooses fu wi shudders.

Reeks o the tomb hing wersh amang the shadows.
My blate waek fuit on some bogland margin
bumps inti, bruises, slimies, slugs, taeds, puddocks.

'N'ECK

for D.L. Simpson, that kens this case owre weel ava

Eck Ilkagull, Strathtumble's muckle sook,
sooks upwards aye, but gin ye arena in,
hae nae position or 'Prize-winning Book'
ye'll feel the trample o his cloven shuin.
Ye'll nae get by oor Eck by means o merit;
folk that aye speak the truth he'd disinherit.

God, in wham Eck hes nivver had belief,
because the Lord made Eck sae bluidy sma
(in body – though the mind's gey wee ava)
hes eftir aa made Eck the ae relief:
at tonguewark guid, his back's weel forrit nou:
sen he's that wee, tae lick he needna bou.

Ca canny when ye count on connan Eck:
ye canna see him faciallie aa direct,
for Eck hes gat a bifurcatit haus
and phizzes twa: thon gowk is unco fause.
He's whiles been juist a trace ahint the lave?
(Ilk morn he hes the fower chafts tae shave).

Weel kennt it is Eck bous for nane:
folk wee as he is nane. The faut
is Eck's that aye in snaw, wund, rain,
he bou'd til nobs: the price gey saut
wes that his back set stiff frae end til end
straucht as a pincil, canna bend!
A German he had grovellt at was beaman
ti hear Eck cuidna kirbygrip: 'Ach, fegs,'
the Luneberger said, 'it's schwer zu sehen
bent braune Nase Zwerg fahrt twixt one's legs!'

DAETH O A NAITURALIST

In a hide up a tree the naituralist was seatit –
It wes a cauld and windy nicht, and by his side
sat a faithfu frien, the twal-year-auld Macallan
that never chases a leveret, bein but whisky –
what a whisky, natheless, he'll tell ye!
It's aye o the naitur o whisky tae rinn awa,
ye ken, when that great naituralist is near –

he directs the wey it rinns, straucht owre his thrapple.
As it wes meant tae dae, sae the man'll tell ye –
the wey his dug wasna meant tae chase promiscuous-like
eftir beasts, savin thaim that gralloch hens.

He's aye been a man wi a sense o ceremonie:
nivver has he drunk his unco drams fae the bottle!
It's aye a pocket-flask for him.
Ilka nicht, when there's nae bird roostin
or naethin else ootbye tae command his fancy,
the great man's cowpin the flask tae his mou,
or bottle til flask bi wey o refillment.
And ilka nicht his hide is thrang wi fragrance.
        (It's no he doesna wash,
        thon hide's the hide he hides in –
        nae thon muckle leathery ane he gaes aboot in!)

The air in thon hide is grey forbye wi pipe-smoke,
smoke fae Spanish cigars, international fags,
and aa the cloud perfused wi the usquebauch perfume
that sers til refresh stray woodsprites come in for a warm
at the blazin bowl (rhymes wi owl) o ane o his pipes.

This ae nicht it is written, chauntit, foreuttered,
haein caa'd the dottle oot fae his briar quate-like
(sen haurd dunts mebbes could stir some howlat asleep)
he shall fill said bowl til its brim
wi his best rich dark mixture,
stem between smeek-tawnied teeth,
lips that kennt o life's muckle.
Ae large hairy hand shall close itsel firmlike tho gentie
apo a matchstick and rasp its head on a reuch bit

And steerin aa the wuid's craiturs
                                        he's loed his lang lifetime
a muckle din sall spreid abroad wi the hide
ane gargantuatitaniatitanicall BOOOOOOOOOOOM
faithered wi thon match's spark in a womb wi Macallan

fragrant fumes owre fertile –
and this will be the man's passing:
explosive in his gaein as in his bein,
leavin ahint ae vast hole, the warld athoot him
that heard nane ocht he'd say, thon desolatioun
will hae but barely the ae atom o the man
reunified wi the cosmos,
                    blawn up as faur as the planets.

They'll be pleasit wha'd lang or then hae seen him faurer,
coofs the muckle hantle o them, cosmic coofs!
Pleasit aa and uisless as the crowdie snaa
that gaithers danger heich abune the roof.

Lament ye schaws, bewail his loss ye streams,
ye clouds weep muckle tears o acid rain;
mourn mair the silence o
                    this great man nou gane.
Burdies, beasties, yer langsyne friend is deid,
foe tae ilk dunderheid, fire and speerit baith.
Weel, the cause o life's forbye the cause o daith!

The cause o humour's likewise source o wrath
Thon man trod some life in man's barren path.

TOM HUBBARD (1950)

RASKOLNIKOV

Kneel doun, she says, *upon the public square,*
An kiss the causey-stanes that aa fowk crosses,
Then tell thae fowk: 'I am a murtherer'.
 – Fegs! Thon's the easy pairt: it's mair a challance
Ti up afore the hotchin thrang o the Haymairket
An tell thaim: '*I am a man juist, – like yoursels –*
Nae Napoleon, nae a neet – but this, a man'.

Ah, Sonya, you're richt – whit kinna man wis this,
Me, Rodión Románovich Raskolnikov,
A thing o harns an nerves. Wis I a man,
That snirtled doun my neb at the fowk I'd 'save',
That racked my lug ti some haveril i the howff:
– *Hei, coallege lawd, you, maister Raskauldnickov!*
A'll tell ye ma feelawsophie o life.
Nou listen ti me – see's anither hauf –
Gin A were the heid-bummer, A'd dae this . . .
Gin I were a man, I'd hae got him up wi the ithers,
Ti sing an daunce oor wey ti Jerusalem.
Akh, there I gae: aa notions oot o buiks:
The ink fae a pen faas bluid upon an aix,
Dings doun some grippy carline (then forby
Her daftie sister, there at the wrang time).
I thocht, thae seconds or she turned – and I struck –
The wey she streetched her airm oot fir the pledge,
She wis a spae-wife raither nor a pawnbroker
An gin I crossed her loof, she'd tell my weird.
My weird, aa richt! And, airlier, in my dwam
I'd glisked abune her close, ti whaur her sign
Sweyed an creaked throu the stale an souchless air:
It seemed, three gowden globes o usury,
That hung fae a cauld an merciless baur o iron,
Melled throu the moch . . . becam the scales o juistice . . .
Ae pan wis tremmlin sair agin the ither,
Raskolnikov wechtit agin Raskolnikov;
An the ballance held bi a lass wi blinfauld een.
Sonya, were *you* that lass? Yit you, even you,
Cuidna hae held me back: I wad dae wrang,
And I'm no that shair I wadna dae wrang again:
Dae I feel guilt that I dinna feel guilt eneuch?
Na: I feel guilt that I dinna feel guilt ava.

There is nae dream but dreid aye lours within it:
I bigg a city, free o reekin wynds
That scunner the corp an fankle up the speerit:

– The brig foonders atween me an the canal,
The railins snap an pynt their spikes at me.
I staund afore an image o mysel,
Here's the braw man, I think, *as he cuid be:*
– The gless slips fae my haund, stramashes, finds
Raskolnikov mair disjinit an deleerit.

There is nae dream but, somewhaur, fowk will dream it:
Come, Sonya, yont the blichtit birks an the snaw,
Come owre the ocean whaur aa kinriks dwyne
Ti rise as mulls and inches, human-pink,
The birthplace o the bairns o the sun.
The maisic o that archipelago
Is various as are its fruit an wine;
I bou an kiss its yird – and in a blink
I'm here my lane, the aix upon the grun.

Murtherer, dreamer, gangrel: thon's the hauf,
She'll aiblins say, *o the hale Raskolnikov.*

THE RETOUR O TROILUS

Ill-thriven laund, eenou ti me sae deir,
Cauldrife an courin fae the daithlie drow:
Lang-cowpit waas, owre mony ghaists ablow;
An yit I mynd the bluid-reid wine flowed here.

Why suid my youth feel auncient as thir stanes,
Why suid my prieven virr sae faa fae me,
Why suid my een, aye vieve efter the years
o cruellest sains o fechtin, cryne fae this sicht?
Here at the burn that mirrors me throu time
I leuk upo mysel as yince I wis,
Like faither ti a son, leevin ti daid,
The past o Troy an Troilus. In this glen

I cam late ti manheid: she, the forehand
o aa the queans that ti my breist hae won,
The rare Cresseid; she, whase flichterin hairt
Felt delicat as ony timorsome mavie
That liltit owre oor heids; she, whase quick muivement
In guidin me ti a neuk, wis sib ti the con
Wha derts athort the pad, then vainishes . . .
Here at the sacrit crag upon whase brou
Oor forefowk biggit the dun an steidit Troy,
We were twa glaikit bairns: the merest smitches
That an ever-twynin linn
Kests on the seg as, tentless, it hauds forrit.
Aye bydes the auld Troy fir Troilus. In this cave
A queen made her orisons, an we oor luves;
Whaur nou it's daurk, then glintit my leman's een,
Whaur nou it's foustie, then fufft her body's scent,
Whaur nou hing cobwabs, she cleikit me in her hair.

Thon wis the folly that first made me wyce,
Chynged the heich-heidit halflin wha kent aa
– Or sae he thocht – aboot the courss o the state,
The macklik policies o peace an weir,
Wha laucht at ither men whase caa ti airms
Wis ti the airms o a mere paramour:
This wis your Troilus, buirdliest chiel o the land,
The rival o the gods, an no yit twinty!
I staun the day, at the hinner-en o youth,
Amang the wrack o a kinrik an its fowk:
Ithers hae peyed mair deirlie nor mysel
Fir weivin o mishanter an mistak,
That skufft us fae oor umwhile eminence
Ti the untentit airts ayont the port:
Rickle o bleckened banes i the aise-midden
Or gruggilt beauty i the lazar-houss . . .

Cuid I but see the thristin o new life
Up throu the cleavin o the palace flair,
Ti spreid o emerant in the simmer sun –
Yit I maun leave, an come here nevermair.

But I can hear this ferlie: a deid-bell.
There's mair come back ti murn here nor mysel,
Aa wabsters, an the last o their trade in Troy,
In slaw processioun:
Yin o their feres is ti be yirdit sune.
Nane sall gang pairt o the road and then gie owre,
Nane but sall cairry the corp, or else attend it,
Ti the kirkyaird aa the wey.
                                        Abune us nou
The crummlin temple floats upon the haar.

Owre mony ghaists, fir me ti gang my lane;
Owre mony ghaists, the kinrik's, an my ain.

LYRIC ON A THEME O ERNESTO CARDENAL

The blae o the lift is on your brou,
    The wund is in your braith;
Dochter or son, a leuk fae you
    Wad fair defait my daith.

Tho forefowk fae their efter-kin
    Are sindered bi the years,
Een reflect een – throu a reamin linn
    That winna byde fir tears.

BILL SUTHERLAND (1950)

FROM *A CLYDESIDE LAD*

(XX)

Gaun, cleek yer new lodd, show him aff,
make gled eyes it his gallus chaff,
fur Ah've clockt he's a sleekit nyaff –
bit don't come runnin back tae me.

An though you think he's big an braw,
him in his Burton suit an aw,
Ah've heard he disnae gie hee-haw –
bit don't come runnin back tae me.

Wae no wan Brylcreemt her agley,
an Tally shoes, an tie-clip tae,
he's jist wan big windae-display –
bit don't come runnin back tae me.

An though yer mither telt ye no tae
ye glued yer waw wae his daft photie;
noo aw the lassies caw ye doty –
bit don't come runnin back tae me.

An if some night ye're thrown a dizzy
an he tells you he's awfy busy
an you're sat hame ther wonderin 'Is he?' –
then jist *walk* roon an talk tae me.

(XXVII)

Ma dizzy lass is sae contrerry
she wilnae pick wan sprig o cherry
fur, feart tae see the blossoms die,
she hauds them only wae her eye.

Her dizzy hert tae is sae gentle
she wilnae let her ribbons faw till
oor love is ringed bae promises
an wrapt in words is auld is kisses.

Her gentleniss noo seems ma sorraw
bit come the summer light the morraw
Ah'll watch her laughin is she cycles
aneath a shoor o cherry-petils.

(XXXIII)

A Christian Scientist callt Ted
  asked eftir Uncle Mick
an, telt thit Mick wis sick, Ted said,
  'No, Mick just *thinks* he's sick!'

The next time Ah ran intae Ted
  Ah shook a sorry heid
is wae a heavy hert Ah said,
  'Ach, noo Mick thinks he's deid'.

RAYMOND VETTESE (1950)

THE DEID

The hunger o the deid is great.
They'll gowp doon onie livin thing.
I've seen it. I've kent fowk that aince
seemed fu o the future, swack fowk
hotchin wi virr, o a sudden

disappear. Whan we met again
they were souked o smeddum, alive
eneuch only for simple acts.
The deid had blawn them like an egg.

Noo I walk wi utmaist caution.
The deid are sleekit, tak on shapes.
Whiles it's haar that seeps intil banes,
whiles the subtle drouk o the smirr,
whiles, even, a voice that pretends reason,
speaks wi saft meisured tones – they are
the fey deid, whase love is brutal,
bites intil the wooed. Oh the deid,
they canna be slockent or filled.

Watch oot for them. Whiles they can seem
like the livin, but the signs are there:
look oot for een that show nocht, that
dinna glisten nae maitter whit
passion thumps oot on the table.
Listen for saft meisured tones that sell
greed as fine, whispers that mebbe
gettin's the epitome o freedom.
But maist, I warn, look oot for guile

that pretends it cares for ocht but sel.
Sic deid are the warst, maist vicious,
and the maist hungry. Gin ye're no
canny ye'll be gowped doon afore
ye've mairked the sleeness o the ploy.
The deid, like the praying-mantis, can seem
something ither, lull innocence
or it canna see, syne they strike,
chew aff the heid, aye the best thing

to gae for, and then sit back
at leisure an' digest the haill.
The deid hae muckle appetites,
greed eneuch to swallie countries.

They've duin it afore and wha
kens whase turn micht be comin soon?
Whan the deid are aboot
ye canna bide asleep. Watch oot for them,
they micht even appear as poets.

LOVE STORY

Whit I wis
I'm no noo.
'Ye've cheenged' you say.
I nod a drukken heid.
I ken that's true.

But somewhar
there maun bide
something o him
that aince walked aside ye
wi sic young pride?

THE SHADDA

The shadda rose atween us
solid as a rock
tho made o nocht but licht.
We wadna talk.

We sat in silence. The dairk
had reached oor tongues,
had taen ower thocht,
hairt, lungs,

or gin we looked at each ither
aa we did wis froon;
the shadda rose atween us
and nocht wad lay it doon.

For years it's come atween us,
tho I doot gin we'd mind
whit roosed the shadda, cleaved us apairt,
and left us sae thrawn, sae unkind.

Yet here it bides, the shadda,
and silence bides as weel;
the shadda o silence dairkens aa
we micht think or hope or feel.

MY GRANMITHER'S COFFIN

I never saw it
but jaloused it
sma like her
and the wuid
no smooth but
runkelt like bark,
like her face.
I thocht o it,
that runkelt coffin
in wormy dairk,
and o her,
sma yet strang,
aye dichtin stour –
even her ain
nae doot. She said:
'ilka thing in order,
ilka thing in its place'.
She'd mind the mauchs
o table-mainners
and hae them sayin grace.

BILLY KAY (1951)

LAMBING IN EASTER ROSS

Anither day's dawin
on the stibbled parks
abuin Dornoch's caller watters.
In the park o the new born,
brockie faced lambkins
loup, stacher an totter
ahint the buirdly shanks
o hooseproud yowes
playin an soukin.

Glisked abuin the
muirlan braes o Struie
a formation
o sea gulls
splicin white stucco
in the mornin blue o the lift.

The faa wes free
the wings wes swept
an the crack
o the brockie's craig
wes quaet
claught
in a forlorn frisk
that landit
gralloched
wi the ruggin
o six beaks,
fleain awaa
caain
in a flauchter
o reid, white an yella.

Twa scarlet trails
belly an thrapple,
efterbirth, efterlife.

In the park o the unborn
aa is still.

TONY McMANUS (1953)

ILL-FAUR'D

Frae the French o Georges Brassens

In my hummil northern toun
I'm thocht on as an ill-faurit loon,
Gin I gang aboot or I bide at hame
Guid kens whit they say o me aa the same;
Nou, I dae nae skaith tae fash anyone,
Takkin my wee gait o douce guidman,
But the guidfowk just canna thole it when
You tak anither gait frae them,
No, the guidfowk just canna thole it when
You tak anither gait frae them;
They aa hae ill tae speak o me,
Save for the dumb – ach! c'est la vie!

On the mornin o Rememberance Day
I stay in my bed sae snug an slee,
Music tae march tae, guse-step an aa,
Thon disna bauld my gleid ava;
Nou, I dae nae skaith tae fash them aa,
Peyin nae heed tae their clarion caa,
But the guidfowk just canna thole it when
You tak anither gait frae them,

No, the guidfowk just canna thole it when
You tak anither gait frae them;
A mob o fingers points at me,
Save thon wioot airms – ach! c'est la vie!

See an unlucky reiver run,
Chased by some soddin guid citizen,
I cowp his feet (why no let it be heard?),
An the sod finds himsel wi's airse on the yird;
Nou, I dae nae skaith tae fash beast or man,
Helpin an aipple reiver run,
But the guidfowk just canna thole it when
You tak anither gait frae them,
No, the guidfowk just canna thole it when
You tak anither gait frae them;
They aa lowp frae their waas on me,
Save thon wioot legs, ach! c'est la vie!

You've nae need tae be Jeremee
Tae jalouse whit weird is in store for me,
Gin they find a raip, an aye! they are fain,
They'll wraip it roon my puir cragbane;
Nou, I dae nae skaith tae fash aa thae brethren,
Takkin a gait that disna lead tae Heaven,
But the guidfowk just canna thole it when
You tak anither gait frae them,
No, the guidfowk just canna thole it when
You tak anither gait frae them;
They'll aa be hingin roon my tree,
Save for the blind, ach! c'est la vie!

THE WARLD COWPS LICHTLIE OWER INTIL BLACK NICHT

The warld cowps lichtlie ower intil black nicht.
The maik o nocht is distinguishabill.
The yird is toom. The wunds o ilka airt
Are still. The maik o nocht is sensibill.
Senses, theiveless as a tippit urn,
Black emptiness arises an faas doun,
An aathing, envelopit, ceases tae be
In touch or taste, sicht, smell or soun.

An wi whit ferlie een, syne, dae I see
Rise quick in the gowden mid-day sun,
The reid glent in my dochter's wund-flaucht hair?
An frae whit marvellous, ayebidin sea
Dae aa thae bane-white, rowin brekkars run,
Faemin, gushin in the fresh, saut air?

in the midst of all (for nanon)

as
whiles
wi taps tae the taut drum
skin o the belly
owerturnin
the foetus manifests itsel
so
whiles like ripples
runnin tae the
stane
the future
nesh as a harpstring
afore a thrummlin air
an nocht in the hale etincelant universe
is comely tae my een as you
big wi bairn
harmonic o
luisant
being

STELE: YELLOW EARTH

Frae the French o Victor Segalen

上平
下亂

Ither bens may gash the Sky, an, thristin tae their
utmaist hichts the torments o their summits,
leave the glen soond deip.

There the Earth, invertit, haps her clifts in the
howes o her flanks, heles ower her ootcrops,
smoors her peaks – an laich ablow,

Waves o gowd-laden glaur, uplayerit bi drochts,
    lickit bi subterranean tears, keep awhile the
    tempest's mark.

o

But abune an ayont sic turbulence, straucht as
    a bord an heich as ony summit – the
    plateau, oot-tendin,

Levels its yellow face ablow the Sky o ilka day
    it ingaithers til its plain.

W. S. MILNE (1953)

THE MOO O HELL, AN THROUCH

Canto III o Dante's Inferno

THROUCH ME THE WEY TI UTTER WASTRY,
    THROUCH ME THE WEY TI AA THAT'S LOST,
    THROUCH ME THE WEY TI LASTIN PURGERY
WROCHT BI HIM THAT'S AWAYIS JUST.
    TRUTH AN POOER AA HIS BEARING,
    PEETY, KINDNESS, LOVE HIS BOAST:
AFORE MISEL THERE WAS NITHING
    – BAR THAT WILL AWAYIS BIDE –
    HOPE'S A THING BEST FORGOTTEN . . .
Abune an entry tall and wide
    wirds scrawled it seemed in pitch an oakum
    dumbfoonerit me, but nae ma guide.
Like a lounie fast o learning
    he telt mi, 'Pit your sweirtness by;
    cannyness, fear, aa kins o caution,

forms o deith, we've reached the sty
   – the placie, mind, A telt ye o? –
   whaur thocht an reason aye fecht shy.'
His haund A grippit, feart o lettin go,
   his face relaxit, fine-rare smiling,
   shoosht mi, took mi throuch.
But whit a sichan, whit a whingean!
   nae a ster ti licht oor wey,
   moans aye that saa mi girnan,
wirds a din ti gie the lie
   ti yellochs awesum, pintless blether,
   haundies clappan, awfa the cry
aa nicht lang jabberan foriver,
   circlies pirnan, stirrit, a stew:
   like stour drilled up bi starmy wither
ma heid was dinnled, terror grew.
   'Wha are thai, maister, aa these bodies
   grief's taen haud o, this mauchled crew?'
Nae sweirt, he answered, 'Ben these lobbies
   grim an dismal, sauls tormentit awayis roam,
   them that thocht life aa hobbies,
aa mixed up wi them that moan
   – the lot, ye ken, that's awfa selfish,
   winna fecht, hae nae gloan.
Niver rousit, niver steidfast,
   God's licht they gar pit oot;
   Hell's sunks spit oot sic craafish.'
A speired him, 'Maister, whit's this aboot?
   Whit is it, pisin, gars them sweir?'
   He telt mi quick, 'Like a cloot
in a corner dingit, rotten, soor,
   wi golochs craalan, this lot huddle,
   unkent bi deith, ower-ill ti cure.
Their wirds an action sic a muddle
   Peety, Kindness, Love ignores them;
   look, see, they're nithing but trouble!'

An sae A gypit, saa their emblem –
    a flug that duncit this wey, that;
    niver restit, puir sauls scramblan,
awayis rinnan, hirplan eftir it.
    Wha'd hiv thocht there were sae mony
    bi Deith fast-grippit?
An sae it was in thon scoury
    bogles' features, twa-thrie A kent,
    the cooerdie-custard wha took a norie
God ti spurn, his appintment.
    An there they were, the chermless sprauchle,
    unkent bi diels, bi God disjaskit,
them that thocht life aa trauchle,
    bare-naked, raa, a sorry sicht;
    bi waasps aye proggit, a rare cafuffle,
teirs an bluid doon cheiks fell straucht.
    Foriver pricklit, awayis keenan,
    roon their feet maggots focht.
Then A squinted throuch the gloaman,
    saa a burn, awfa wide, its distant bank:
    there a host, some fowk, staunan.
'Maister, tell mi,' – A asked him blank –
    'Wha are thai fowk wha want richt ower,
    whit's their story? Ma sicht's near sunk.'
He back-answerit, 'Shoosh, dinna glour;
    hae some patience, sune ye'll ken
    whan we staund on Acheron's shore.'
A felt richt sorry, left aff bletheran,
    peace he wanted, a bit o quiet;
    douce-like A waalked aside him.
'Wae! Wae-herted the wicked!' –
    ower the watter, near the bank, a skirl
    – a whicht-haired mannie in a boat!
'The Hevin-Abandoned, you A hurl,
    ower bitter shoals row ti nicht:
    ti fires eternal, bichtan cauld,

you, you there! It's nae richt!
    Frae the deid, awa; you're quick!'
    A stude ma grun. He got mair strict.
'Awa, min, awa! Whit's the trick?
    Ither roads, ither boats will hurl ye;
    awa, there's nithing here but dreck!'
Ma maister straucht had a query,
    'Here, whit's aa this splore an puff?
    Charon, nae need ti worry,
it's a been seen tae; noo that's aneuch!'
    That clamped the moo o the crabby boatman!
    His een fleemit, rowit in a huff.
Them forjeskit bodies nitteran,
    whicht an drainit, esh-like stude;
    at Charon's tongue teeth stert chitteran,
God they misca, aa that's guid
    – them that brocht them ower ti life,
    Adam, Eve, aa God's brood.
Huggan, snuggan, a close-set clumph,
    waefully girnan, waatch them scuffle
    doon ti the watter, near the gulf.
They kent nae god an noo they snuffle;
    Charon, gruff, summons them.
    (Tarriers, watch oot, his oar's a shovel!)
An sae it is like leaves in atamn
    whan aff a beuch they singly fa
    – a paittern fair on the grun –
frae aff the bank sandy, crumbly,
    fas the seed that widnae haud;
    hummellt, a hak made owerhaundie
stoops ti please his maister's wird
    the derk took them, aa licht-floatit
    as ithers stream, eternal horde.
A richt fine mannie, ma maister statit:
    'Look, ma loun, at them that dee,
    frae ivery nation they aa come swinglit,

scaured bi justice, the river they see,
    push an scraitch the watter near;
    fear turned love, hevin's fires they flee;
this wey guid sauls niver steir.
    Dinna heed, if Charon scaalds;
    ye ken the road, the meaning's clear.'
Nae suner said, gypit the fields
    derk an gousty, still ti think o it
    sweit rins aff in pourin reels.
Dreepin-weet, the grun lood-rifted;
    throuch the crack, like a wheep,
    lichtenan belted. Ma wits aa blasted,
A tummled doon, as if ti sleep.

NEIL R. MacCALLUM (1954)

RECOGNITION

There will come a time
When ye will ettle
Tae disregaird thae gloves
Deliberatlie tae lay thaim aside.
Barin til the bleffarts
The sleet and the rain
And craunreuch tae
Throu weet and dry,
Yer haunds, alane
White and unprotectit.

By its ain
Will come a time
Chosen o itsel,
By its ain uncontestable instinct

The wey the weill wrocht gairdner kens
Frae luikin owre his grund,
Thon instant will hae arrived
Deemed ripent wi sufficiencie.

JOHN MURRAY (1954)

ASPEN

Aspen or quaikin aish as whiles
yer caad it is said that yer wuid
wis used tae mak the cross o Christ
an that yer leaves, siller ablow
an green abuin, heiven an earth
in yin, ay hae shoogled wi shame
sinsyne; fer me yer flooer haudsna
the fusty reek o soorit wine
yer sap the creashiness o bluid
an yer souple wuid's unriven
by the stoon o lang nails driven
by the dunt o the sodgers mells.

Aspen or quaikin aish as whiles
yer cried as Christ himsel wis cried
King o the Jews, ony gowk kens
that a muirlan tree sic as ye
cudna thole Golgotha's drouth an
cudna bide in that place o skulls;
but och whitna creed cud jaloose
a curse pit on a skaithless tree
whase leaves whiles bleeze wi gowden fire
that smoorsna or skinkle siller
rain that faasna, that jig an reel,
whiles sing in a thoosan distant
unkent tongues, the mair blythlie,
whan til the lift they rax an growe.
Whitna creed condemns sic passion?

JAMES REID-BAXTER (1954)

DOMINO ROBERTO CARWOR
CANONICO DE SCONA . . .

Fur Schir Robert Carver, canon o Scone, aeftir that the author an thrie uthir freendis, in the chapel o Sanct Marie in the Nativitie at Kingis College, Aiberdene, haed sung the Mass fur fower vocis Pater creator omnium, *the author singin the* Cantus firmus . . .

Bot anerlie yestreen it waes
That I, wi nae thing mair adae
(And haein made it sae)
Wi uthirs stuid within thon halie place
And sang, aneth the derkland licht
O ane December day, the lang slaw noitts
Ye scrievitt oot in siccan hasterie
Frae Sarum Sairvice-beukis – Scottis Use –
Aa thae lang yeiris syne.

Than haed I sair tae tchauve (and nae
Alanerlie wi cantus copyitt be you
But alace, alsweill wi me, and aa I am
Or fail tae be) aneth yon puir blae licht
Scarce garring gless ane skinkle gie
In winnocks wyde umquhyle sae bricht
Wi prelates, kings and sancts illuminat.
There aa aroon me als I sang, and sang
Wi growand confidence and siccartie,
The uthir vocis rang, and in their bewtie rang
Als kingis ring, abune, ablow the melodie
Aye-bydand, slaw but shair, o quhat
Humanitie aye waes and sall aye be.

Roberte, frater mi, i thae derk dayis nou
I think on you, o faber optime:
And hoip, aganis the feck o quhat
Tyme offers me, that i the singin o your wark
This lanelie saul haes som wey fund

Ane meanin i the soughand wund,
The blintrand snaw and ice-shairp nocht
Quhilk ar, fur him, the haill o lyfe –
Ay, aa its joie, its fullness and its quhy.
Fur quhy? Quha speiris thon, quhase is
This voce, and quhase thon dowie lanesome dule?
The voce, I ken owre weel, is myne,
And myne the hairt and harns that gies me hyne.

Bot see, Roberte, hou this selvin I yestreen
Stuid stracht and chauntitt oot the melodie
Aroon the quhilk thrie uthir vocis wyved
Your ornaments, your dansand, lowpand rinns
That mak repone until the auld firm tunes,
Quhill aa the pairts thegither mell tae mak
Your harmonie – and sae aa fowr o us, throu you,
O lang-deid fere, stuid singand furth the Sooth:
Lyfe's quhy, tyme's fullness, and the joie o treuth –

> Amid the mirkness o December's drumlie licht
> He coms, Mariae Filius, he coms in nomine
> O Him quhase praise is peace, Creator omnium:
> And wi this Co-eternal Bairn, we pray Thee com
> Thou Consolator Spreit, et nobis tribue
> Tae see this winter warld reborn spring-bricht,
> And in oor herts tae hear, als I daed dae yestreen,
> The soondand colours o Eternitie. Amen.

24 December 1985

JOHN BREWSTER (1957)

LANE VICE

My lane vice is a wee lass
Playin paldies in the rain,
Shuvin the warld an its polish tin
Back an forrit again.

My lane vice is a wee lass
Playin paldies in the rain,
Skippin owre numbers an chalky lines
An splashin in the drain.

MILL O EDINVILLIE

Hill broued rain:
Furrowin douncausts
O peak in troch,
Lift in rut.

Smoked oot bykes:
Hinnie-kames clutter
The cowp o a barn;
Dubs glaizie wi nectar,
Pocked in drouned waps.

Coal yairds fuse
Their splitter bleck
In gutterins o grain,
Diamond wuided facets
Spun in sooty saps o flame.

Log yairds stub
Their shaggy bark
In clowen feet o pine,
Greetin lamber lumber
Whisky tanged in malty brine.

Strae stuck eggs:
Pantry saft butter
On heel ens o toast;
Oatcake peppered stovies,
steamed on soup plates.

Lampless gloam:
Animal settlin
O sheep in shede,
Staur in glen.

SANG BI MIRABAI: MEDIEVAL RAJPUTANI PRINCESS AN SAUNT

Fae an owresettin bi Paramahansa Yogananda

Gin bi doukin daily day God cuid be preed
Suner wad I be a whaal in the deep;
Gin bi eatin ruits an freyts He cuid be kent
Gledlie wad I choose the mak o a gait;
Gin the coontin o roseries uncuvered Him
I wad dirl aff my incaains on muckle beads;
Gin beckin afore stane eemages undressed Him
A clinty mountain I wad humly worship;
Gin bi sowpin mulk the Lord cuid be seiped in
Mony cauves an bairns wad ken Him;
Gin forleitin wan's wife cuid cry God
Wid no thousans be libbit?
Mirabai kens that ti airt oot the Divine Ane
The anly necessar is Luve.

IN TIMES O SORROW

Fae the Hebrew o Samuel Hanagid

In times o sorrow tak hert,
Tho you staund at daith's gate:
The caundle sweils afore it dees,
An wounded lions gowl.

WILLIAM HERSHAW (1957)

LOCKERBIE ELEGY

The frown of his face
Before me, the hurtle of hell
Behind, where, where was a, where was a place?
The Wreck Of The Deutschland –
Gerard Manley Hopkins.

December is dark and fas
Mirk ower Border march and moor.
December is a shroud. The banshee blaws
Thru the langest day and darkest hour.
The year turns like a hearse wheel, sweir
Ti win the slottry world awo fae deith,
Ti rax a resurrection, speir
Despair and horror brak wi the Sun's bricht breith.

Our ancestors fired folk,
They brunt the weerded anes as sacrifice,
Handselled the dark wi flesh and smoke
That the laich licht micht kyth.
As the reek rose – the bodies thirled ti a wheel
O fire-flaucht-the watchers witnessed waste
O fleshly form. This fire-festival
Loused Pagan spirits ti wrocht a future hairst.

Us, we lauch and snirt
At them, screevinless, withoot science or skeill.
Smug-faced, in livin-rooms we sit
As if we birled Fate's fell wheel.
We gawp at graves on screen, our conscience free
Ti mak nae connection wi the deith-tales tellt.
Gorbachev and Bush like dark angels flee
Abune our heids. Horrors are speired, are heard but no felt.

Until the day o sky-doom,
The lift-lapse when the carry crashes,
When Deith is biddan til the livin-room,
When the roof-tree rends and smashes,
When the yird-bound plane plummets fae space
When the news is torn bluidy fae the broken screen,
Unbelief screeved on its face –
The crushed corpse on the carpet screeved for ay on our een.

The sky-wrack strewn
Wi torn and twisted bodies scattered,
The wing-wreck ligs ower field and toun,
Metal-mangled and bomb-battered.
The horror o this fire-ship, fresh-fa'n,
Wad seecken the mind speired in its ugsome hale:
Lockerbie wauks ti a hellish dawn,
Its crater-carved streets unmade til Paschendale.

Pray, pity them then,
That fell in fear fae unfathomed hecht,
Fell in a howlin gyre, forlane,
In a yowlin gale that blew that nicht.
Did they fa unkennin til Deith's dark deep
Fae the harrowin hertbrak that hell brocht?
God gie their screamin sowels sleep,
Pray, pity them as they thocht their last thochts.

Wha farrant their foul fate?
Wha doomed them ti dee? Wha schemed the ploy?
This scunnerfu sacrifice – this deith-gate,
Brocht nae pagan life-joy.
A deed ti mak maist blanch and blate –
Whit cause, whit clan wad ca such dool? Whit men,
Whit wrang worth such a hate?
Whit leid a life when life is a' we hae and ken?

The howlin engine banshee
Pibrochs the plane – mocks mad Man's will.
Born ti be a burnin ba o energy
Birlin thru the universe for guid or ill
We choose ti destroy, murder, maim and unmak
Afore we ken a peerie piece o our place,
O our circumstance, let the cruel cloods crak!
That we in madness micht speir the froon on God's face.

We clatter doon til end-shroud
As Vulcan, Daedalus and Lucifer fell.
We bide on the yird-brek thru brief life-clood
Ti non-being, spirit-louse or hell.
Ane day we maun dree their weerd – the wecht
O Life will drag us ablo tae, deaved wi pain,
Hard doon wi a horror o hecht –
Pray, pity us that fa as December deith-rain.

JANUAR WINDS O REVOLUTION

From A Calendar o a Seaside Toun

A cauld, sleety wind angles doon the High Street.
It blaws aff the Forth and ower the Links,
Past the butcher's, the bookies, the pub and the Store.
It rattles the lichts on the toun Christmas tree,
It birls the newsagent's sign aroond,
It blaws like a wild Blake picter
On this mirkfu januar efternin.
The Siberian wind kyths fae an airt lang held in ice
And has blawn whaur a biggin-wa's ca'd doon.
It has blawn whaur a playwricht's heezed up president,
It has blawn ower a tyrant's bluidy heid,
Through a year o revolutions.
It blaws fae the Kremlin ower the Lammerlaws
And through the tuim heids o Burntisland fowk
On its road ti Glesgi. Syne we craw
At the deith o Socialism and nivir speir oor thirldom.
We blaw o oor culture capital – hot air.
The cauld wind o reality yowls sairly past the Labour Club
Singan that in Prague, Berlin and Bucharest
Are the fowk wi a speerit and smeddum.

ROBERT ALAN JAMIESON (1958)

RETURN FALCON

Seekin fir da puckle o truth
du slippt fae dy neb quhan du flew,
du comes back t'da laand
quhar hit micht hae faan.

Brakkin lowse fae dy grip,
oota stillnis an doot,
t'flee t'da place quhar du waits,
athin laef, athin löf.

Bit naethin is ever won back, aald bird,
tho da flaem michtna dee ida fire,
tho da burns micht rin ida sea; tho du,
risin prood, keen yit in ee an claa,

Micht swoop apo me doon below wans mair –
fir da puckle du draapt laandit here.

(*in Shetlandic*)

THE NICK O TIME

The toon took nae
    acoont o whit
        it owed itsel

an on his last birthday
    his victims brought him aa
    that he'd lang coveted
but never dared t'steal

The toon hall clock
    stuck gripped be roost
        hesitated

they left them on his step
    an gied t'celebrate
    an act o righteous cheek
unsolicitated

The clapper clicked
        but coodnae ring
            the holloo roond

on finnin aa their gifts
        the thief then minded aa
        he'd stowen that wis lost
or broke or uglyuseless

The pale lit faece
        noo motionlis
                held yistirday

risin t'settle scores
        a trail o random smash
        an petty pilfered grab
spread roond the schemes

Naen in the hands
        o it could wake
                t'wind the spring

dander up he kaerrit
        haem the sleepin toon
        no aen wis there t'tak
nae thing, nae property

Excep the clock
        in the high street
                the time it lost

JAMES ROBERTSON (1958)

THE BASTART WEANS

We are the aishan o the warkin cless,
Their bastarts, yet we miscaa them, misken
Our mither an our faither.
There is nae justifiein us ava, our thrawn weys,
Our sklent een an our deif, deif lugs.
But we're no blate, our trade's legitimisin
Aa that we can cleik in our cauld clam –
Ay, gar it grup, sir!
Mebbe we're tradin bluid for water, but dinna cast up
Thick an thin tae us, we'll no hae't.
Sleekit, we sleek the weirin-on o Time, his bonnie flanks,
An clap the gowden cauf spune-fed wi siller.
Aa's fine wi us that's wi us, but we cry illegitimate
Aathin else, yea, even unto
Our mither an our faither.
Mindins an girnins an sair-begrutten lees,
That's aa their tale.
Na, we're no perfite, but we hae bettered them
In betterin oursels,
An nou in bourgeois land we sneck our windaes
Ticht an close agin the stour an dirdum.
Mair mansions here nor in our faither's house!
We're douce, content: we buried them afore they buried us!

We dinna speak lik this: we do not talk thus.
Thon's a message frae a faur-aff land – a place,
A thing we mind the wey o, whiles grace
Wi a dowie smile, a wee bit tear – but canny-like:
It disna dae tae awn.
Wha'd awn thon skelet in the press
Wha didna want the past ahint him ayeweys
Proggin at his elbuck for a tanner?

KIRSTY

Her faither says, 'Kirsty ma lass,
Dinna haud your heid sae laich.'
But Kirsty hings her heid an greits –
For aa the warld ye'd think the warld wis deid –
An gin it were, she wudna gie twa figs,
She's in ower deep tae spare a thocht
For ony frauchtless fykes o ither fowk.
She's up tae here in wae an winna moodge,
Tho she mey catch her daith frae cauld –
It cudna be mair grim nor steyin alive,
O' this she's shair. Nae dout the morn's morn
She'll gang about her wark, but daivert-like,
Till Setterday, when some new lad wi bonnie een
May set her fleein efter dreams yince mair.

ROBERT CRAWFORD (1959)

KYPIE

Eftir thi German o thi Austrian Erich Fried

Ut's guid manners i Strathgowkie
Tae speak o 'manky Strathgawkie'
In Strathgawkie yi huv tae say
'yon sae-caa'd Strathgowkie'

When Strathgawkers or Strathgowkers
blether aboot jinin thegither
an a tourist hinks baith
waant thi wan hing

then Strathgowkers mean
victory o Strathgowkery
an Strathgawkers waant
Total Strathgawkinization

Best no tae mess
Wi Strathgawkers or Strathgowkers
Baith aye tak tent
o ivry wurd yi say

Ambassates o third fourth
an fift an furder countries
mind weel tae learn thi rules an yawn
tae hear o Strathgawkie-Strathgowkie

MIKE CULLEN (1959)

ACID BURNS

Moose, moose, moose, moose, moose,
Moose, moose, moose, moose, moose,
By yon bonnie banks go burn the hoose doon
By yon bonnie banks go burn the hoose doon
By yon bonnie banks go burn the hoose doon
By yon bonnie banks go burn the hoose doon
Ha, where ye gaun, ye crowlan ferlie
By yon bonnie banks go burn the hoose doon
By yon bonnie banks go burn the hoose doon
By yon bonnie bonnie gonnie burn the hoose doon
By yon bonnie bonnie gonnie burn the hoose doon
Thy poor earth-born companion
Pump up the bogles
Pump up the bogles

By yon bonnie banks go burn the hoose doon
By yon bonnie banks go burn the hoose doon
Hoose
Hoose
Hoose
Hoose
Thurs a poem in the hoose
in the hoose
in the hoose
Thurs a poem in the hoose
in the poem
in the hoose
Thurs a moose in the poem
in the poem
in the poem
Thurs a moose in the poem in the hoose.

By yon bonnie banks go bonnie bonnie bonnie bonnie
yon bonnie banks go bonnie bonnie bonnie bonnie
Welcome
To your
Gory bed wee
Sleekit
Tim'rous
Hoose.

Thurs a louse in the house
in the house
in the house
Thurs a louse on the moose
in the hoose
in the poem
Thurs a louse in the house
ana moose on the loose
Thurs a moose on the loose in the hoose.

BBBBBBBBBBBBBBBBY yon bonnie banks go burn the hoose
    doon
By yon bonnie banks go burn the hoose doon
Burnin
        Burnin
                Burnin
                        Burnin
                                HOOSE!

DAVID KINLOCH (1959)

EFTIR EUGENIO DE ANDRADE

A freen is whiloms widder-gleam,
whiloms watter.
Lat gang thi dounmaist souch
o' August; a body

isna ae thi ben o' an auch,
nakit licht, o'burd –
bouky birks,
summer-cloks i' thi snood;

its i' thi daurk fullyerie o' sleep
that lytach flesh
sheens,
thi fykie lempit-ebb o' thi tongue.

Whit is rale is thi wurd.

Na, its no yit thi fykie
licht o' Mairch
at thi neb o' a smirk,
nor thi greeshoch speil o' thi bere,

a shot-star o' swalla
showerickie
at a nakit shouder,
a smaa lane burn nid-noddy
i' its thrapple;

na, nor thi guid, tairt guff
o' thi body, eftir luve,
snaikin doun-by tae thi tide,
or thi doukin' lown

o' thi peerie yaird,
lik a yawl wi a smirk at its neb;

na, its jist a blink.

W. N. HERBERT (1961)

FROM *THE TESTAMENT OF PIERS PARALLAX*

Cam doon *Duende*, *Duende* cam doon:
Dundee is yir pit and anerly toon;
pass owre *Piers*, *Piers* pass owre:
thi psychopomp huz huddiz oor.
Flooer o granite an jute an stoor,
spelthit oot inna pollutit bower;

flooer o jaskit croncit drouth,
ruteit innan arlich mooth,
grecht ark that's arleit til thi South –
gin thon wiz anerly an aa thi sooth –
whut Eh maun speir eftir, and find,
is thi black-boukit Pharaoh ablow yi:

deep sang, dallowit frae thi dung-heich
oxtir o a warkin mithir oan
thi line in deean Timex, thi faithirs
lyk forkietailies craa atween
thi cemetaries, bairns' futprints seen
i thi croncit lyk skippan dinosaurs –

deep sang, rowlit aroon thi rim o thi Hilltoon
oanna Setterday nicht, lukean doon
uts bluidblack thrappil, slit an flappan
at thi lift, thi peopul dreelan lyk intestines,
a belly fu o beetuls an bitumen; thi tap
o ma heid cams aff lyk a lick o herr

an blackies gae fleean intae thi mirk,
an hoodie craws, an doos, an speugies,
an heckil-breistit thrushis, an noo
Eh'm boakin flooers: barkan doaggies
an kirrie-dumplins an gillyflooers –
waash yir hauns, waash yir hauns . . .

A DREAM OF THE RIVER

Ma bauky burd that sooms ablow thi waves,
man's albatross that dines oan abalone
an dees in thoosans i thi nylon nets
aff frae Japan: Hell's chorus, corybants
whas cymbals ur propellors girdin i thi lift
till licht's haurd loof maks granks o

aa that sang, slappin oan yir droonit heid:
whit noyades hae yi no seen, yi naiads o
Ocean's dwaumy linns, whit kinks an
loundirs i thi shallows, whit a slatch o sleein
fae yir brither wi thi slammach in his heid,
auld able-boukit Cain hissel?

An yet he cams tae peer, tae pree this element
lyk syrup inniz thocht, sklaichan'iz tung aroond
thi mappamundi's quaich, laivan a kneggum o'um
aa airts that winna waash awa,
pleyin Mozart tae thae waarm fishes
afore he feeds thum till'iz pets,
thi scurry whelps an baudrins that'll pit
a paaprint til'iz celsitude.
Hoo few hae jist kickt aff fae seean's hull,
nae kippage o connectin's lorn, nae rumpshun o
be this be thon, nin o rummil-gumpshun's spawn
at aa, nae fear o scowdies or
o runkirs' jaas, thi slyrey feel o scrow's feet,
a rothick rinnin thru the lang
sheemach o thi sea
fae Aberbrotherick tae Crail:

Eh sloomd thi ithir nicht a tree
wiz traddelin thi Tay, sae aa uts brainches
besommed i thi waatirs, rode thir roils an routies
lyk bowdirs i thi wuids. Whaur uts ruits cuid be
Eh cudna tell, but aa uts laives werr
braggir-coorse
thir keest wiz slattyvarryish, sae sharrow oan
thi tung. Eh wiz waulkin thi logs as tho
Eh werr a wee weavir pent in Brobdignag,
warkin oot a purfloe oan an ettin's loom,
MaGonnagal wi wurds tae threid,
Penelope whas tapestry aye hung in tantirwallops
a tickler furra man tae read.

Eh wiz singan grey thrums til a wumman
i thi sweel an swatch o waatir till
Eh saw thi mere-swine risin lyk rubigos in droves,
scores o Ratatosks aa fu o thi warld's clash,
rovin i thi dreels o roukit green,
thi draiggilt rabble o thi laives
that moupt thi fish an mizzelt awa, geean noo
hauf a squirl then mollopin, stottin noo
an stendin next until ut seemd a speak wiz
aa aroond me, i thi braal o soonds an muveins
spirlan aa aboot. But whit that sang wiz
wha can tell that wears thi mow-band wurds
gin Eh sang ti men aa Eh heard then
ut wad hae aa thi rhetory o rewellan burds:
Eh cudna keep ma hungir oot fur mair.

Frae sicca vaige yi dinna quite revert,
feart as wun is tae dream sae deep, tae be
thi steethe-stane let doon i thi harns
Eh'm still waulkin oan thi stell waatirs
that wear thi starns an Tayport's lampies
i thir herr an lat thum share thi gree,
Eh still allow that matter huz uts ginks,
uts gillatrypes in whilk yi are thi coryphee,
thi wan wha mudgis whit oor symbuls canna say.

MATTHEW FITT (1968)

STAIRWAY TIL HEAVEN

original musik bi led zeppelin

sei aa thai miners wha dird
at the hert o the yird
thai wurk the haill nicht throu tae seven
syne ther's a hole i the lift
at the end o the shift
an thai'r wurkin a back-shift tae heaven

ther's an aald wyfe wha cleins
fur the loard o macheins
an juist cleinin his stairheid's hur lyvin
wi nae wheenge nur wanryfe
wi the wattir o lyfe
she's waaschin the back-stair o heaven

an ther's a lassie wha dremes
mang the hell o the schemes
wi her bairns whyle her man is oot bevvin
thinkin aye oan yon tyme
in a laan lang sinsyne
whan she stertit the lang road tae heaven

an sei yon tink oan the street
wi nae schuin oan his feet
he's pischt oot his brens an he's stervin
yon carlsberg hero waants mair
o his gudd maister's cair
no juist sweeties an pennies fae heaven

an it maks ye scunner
it's nae bliddy wunner
kin ye heir the thunner

sum bastart's stole awa the sun nou
pit a mukkil hole intil the sky
yon reid reid rose is catchit fyre nou
the rokks aa melled, the sees gane dry

oor heidyins shoot their weans oan sicht nou
smoor truth an televyse thair lies
steil soajirs merch atour the yirth nou
the hert o aahing tynes an dies

kin ye sei the big man oot in spess ther
kin ye sei the jesus at his knee
ye kin tak yon grin richt aff yir pus ther
he's gonnae stick the SS20 heid oan ye

an ther's a man owre the see
gittin nailt till a tree
he's juist wastit his day-release fae heaven
an there's yon makar o sin
juist ootby lookin in
he's the gadgie wha fell oot o heaven

an if ye stap by the moarn
til the pless ye wur boarn
ye'll fynn noacht but a warl fou o nethin
ther's byn a cheynge o address
til a new tyme an spess
nou wur doon by the ersehole o heaven

NOTES TO THE POEMS

Explanations of single words, and of certain phrases, can be found in the GLOSSARY. The present NOTES cover longer expressions and idioms, as well as providing background information to the poems.

16 THERE IS A TIME TO WEEP

Tidy and boukit . . . : arriving at the altar enceinte, baby-swollen.
Attoure Life's awsome mere: beyond that bourne.
Upgien intil . . . : delivered up to what cannot be appealed against.

20 WEYS O SELF-PRESERVIN NATUR

This is George Bruce's first and longest narrative poem in Scots. The quotation, 'Sovereign of cities . . . ' is from 'To the City of London', attributed to William Dunbar. 'A stound o' pitie' is from *The New Testament in Scots*, Luke Chapter 15, by W. L. Lorimer.
mither at the tap: Mrs Thatcher, Prime Minister.

23 FROM THE CLIFFTOPS

Remembering a beloved friend, the late Jim Brocket, Port Missionary at Peterhead 1977 – 1980. He was very fond of this poem and I promised that one day it would be dedicated to him.

31 THE SODGER

but growthieness: without fertility.

33 FAE SECTIOUN I O THE POEM *FREEDOM AT LARGE*

ye'll can ken: you will be able to understand (that is, you must realise).

45 LUX IN TENEBRIS

The background to this poem is the 'black-out' in World War II.

46 CHANGE O THE MUIN

Birkie Baretail: the loser in a children's card game of the same name with reference to the forfeit to be 'paid'.
Deil's beuks: a pack of cards.

47 AUBADE

S.G.S., also known as The Auk, was Sydney Goodsir Smith (1915–75), one of the finest makars of the twentieth century.

49 GALLOWA SPRING

This poem has been set to music by the composer Ronald Stevenson.

50 THE POUER O ADVERTISIN

the Gressmercat: the Grassmarket, in the Old Town of Edinburgh.

52 A POEM FOR MIDLOTHIAN

M.D.C. means Midlothian District Council.

67 COME-DOUN

Sijo is a Korean tongue.

72 HARNDANCE AT THE HIGHERS

blethers neist her een: on the verge of tears.

73 EFTIR LANG YEARS

neebor: in the sense of the usage 'neebor boat' it was essential for the fishermen to fish in pairs of boats. The livelihood of both crews was at stake if one had to stay 'in' for long.

75 THE MAKAR

This poem is dedicated to William Soutar (1898–1943), one of the finest makars of the century. For the last thirteen years of his life, he was confined to his home in Perth, bed-ridden with a wasting illness.

83 MAN I THE MUIN

This is a translation of the Early Middle English lyrical poem (BM MS. Harley 2253), 'The Man in the Moon'. According to a widespread folk-tale the man in the moon is supposed to be a peasant who has been banished there because he has stolen the thorns or brushwood which he is still carrying on his fork. Watch at the next full moon and you may see him stepping up the right hand side.

88 THE TWA GORBIES

This quatrain parodies the Scottish ballad, 'The Twa Corbies'.

91 THREE SANGS FRAE *BLACKFRIARS WYND*

Blackfriars Wynd is a musical which is set in the low life of Victorian Edinburgh. The composer is Robert Pettigrew. 'Velvetcoat' was the nick-name of the young Robert Louis Stevenson.

95 NO SAE GRAND TOUR

The metre for a Scots Standard Habbie should be 444242 so this is very much a Broken Habbie, for the extra comic effect of rubato.

97 EXCERPT FROM *THE AE OO*

The Ae Oo is a forty-minute poem for several voices, first performed in 1985 and published privately in 1987 for circulation to schools. *The Ae Oo* means 'The One Us'.

102 SHORT STORY: TROILUS

See Chaucer, *Troilus and Criseide*. 'Come live with me and be my love . . .' is from Christopher Marlowe, 'The Passionate Shepherd to his Love'.

104 SHORT STORY: DIDO

See Virgil's *Aeneid*.

105 VILLON IN THE GRASSMARKET

Grassmarket: a once run-down area in Edinburgh where

boutiques have moved in next to the soup-kitchen and the model lodginghouse.

110 THIS IS THE LAUND

Written June 1989, after the abortive uprising in China which led to Chinese troops massacring their own people in Tiananmen Square, Peking. (The British ambassadors to Shanghai and Peking, both Scotsmen, saw this poem on a visit to Edinburgh and requested copies to display in their Embassies.)

110 GRAFFITO

I see the creators of graffiti as energetic, creative and literate in a subversive way ('SKINZ' daubed in purple is a far cry from 'skins'!), and find their efforts less objectionable than, for example, the use of the convenient prefix 'Scot-' to name commercial products such as eggs or sport. Written 1989.

'Hentool' and 'Tongsyabas' are common graffiti in the east of Scotland. The former I think is an oath or insult, the latter refers pejoratively to the Tongs, a gang.

113 FER MARTIN LUTHER, WILLIAM LORIMER & JOCK TAMSON

Written 1983. Jock Tamson represents the ordinary Scots man: 'We're aa Jock Tamson's bairns'. Martin Luther published his 'Sendbrief von Dolmetschen und Fürbitte der Heiligen' (Epistle on translation and on intercession by the saints) in 1530. In this Luther justifies his own controversial rendering of Romans 3. 28, 'allein durch den Glauben' (justification by faith *alone*), one of the central doctrines of the reformed faith, by arguing that good colloquial German demands this usage. Lines 21–22 of the poem are a 'straight lift' from the text of the Sendbrief.

Luther argued that all people, not just the few who read Latin, should have access to Holy Scripture; his work led to a large number of translations of the Bible into various national languages. In Scotland, then a Scots-speaking nation, we got the Bible in English, in 1611. Subsequently, and against a background of decline in the use of Scots language, there appeared a few, little-circulated sections of the Bible in Scots, and eventually, in 1983, *The New Testament in Scots* was published in the translation by William Laughton Lorimer.

The poem attempts to examine some of the issues around 'speakin posh'.

114 MARY

1987. Based on an actual situation in the early eighties, when there were still a few croft houses without running water or electric light in mainland Scotland.

115 QUAIT, NOO

A free translation from the German of Heinrich Heine, c. 1840 (Zur Beruhigung, from the collection *Zeitgedichte*). A very free rendering, especially stanzas 5 to 8, where the internal logic of the translated version got the upper hand – without, I hope, infidelity to the spirit of the original; Germany's thirty-six hereditary rulers, our 'fathers', for example, have become the bureaucratic army of the Scottish Office. People of many nations, of course, may retreat into description of national delicacies when more important questions of nationhood arise.

143 THE RETOUR O TROILUS

See Henrysoun, *The Testament of Cresseid.*

145 LYRIC ON A THEME O ERNESTO CARDENAL

The poem 'Tahirassawichi in Washington' appears in *Homage to the American Indians*, by the Nicaraguan poet Ernesto Cardenal (b. 1925). Tahirassawichi's monologue concerns the god Tirawa, whose sign is an arch with a straight line down the middle. This is painted, in blue, on a child's face. The arch, which is the sky where Tirawa lives, is painted on the forehead and cheeks; the line, which is Tirawa's life-giving breath, is painted down the nose. The child has to look at his reflection in the river, and there he sees not only his own face, but the faces of his ancestors and descendants: they too, after all, bore or will bear the same sign.

151 LAMBING IN EASTER ROSS

The details for this description of the shattering of the pastoral idyll came on a visit to a friend who worked as a shepherd in the north of Scotland. From Easter Ross, I went to Skye to visit Somhairle MacGill-Eain. The poem was composed on a walk to the top of Dun Cana on Raasay, and completed back in Ayrshire.

162 DOMINO ROBERTO CARWOR

The Augustinian canon Robert Carver (1487 – 1566) has, since 1982, been increasingly recognised as one of Scotland's finest creative artists. His first employer was King James IV Stewart (died 1513), who helped Bishop Elphinstone found King's College, Aberdeen, in 1495; the stained glass windows of King's Chapel depict this, as well as the saints of Scotland. Carver's Missa Pater Creator omnium a 4 of 1546 is dedicated, like the chapel, to the Virgin Mary; several of the Latin phrases in the poem are taken from the text of this mass, which being non-Tridentine, contains troped interpolations. (In his 1988 setting of the present poem for 12 part choir, Ronald Stevenson continued this practice by adding tropes of his own in Latin to James Reid-Baxter's text.) A 'cantus firmus' is a pre-existing melody, sung in long notes in the middle of a many-voiced texture, providing the composer with the material on which his own work is based; in the case of Pater Creator, Carver has an almost continuous cantus firmus in the shape of plainsong mass to which he has added three further parts.

169 RETURN FALCON

quhan, quhar, etc.: the [kw] is still spoken in certain outlying areas of Shetland. The orthographic form establishes a link to the Scots of Dunbar.

174 ACID BURNS

'Acid Burns' was my first attempt to write an 'acid house' poem in Scots. The musical genre that is called acid house tends to borrow bits and pieces of other people's music, linking them together to produce something 'original'. I thought it would be fun to try this with Robert Burns. The poem should be read aloud, with a steady four/four beat in mind, and works best in performance, but the layout I have used gives a little flavour of the idea. I have written many more since this one, and all of them go down well in a live situation.

180 STAIRWAY TIL HEAVEN

'Stairway til heaven' was first performed at Downstairs Negociants on 15.10.88 by the author, and guitarist George Scott. The musical arrangement was all done by Skungey. I just sang it. Thanks to Led Zeppelin. Please dinnae sue.

BIOGRAPHICAL DETAILS OF POETS, AND INDEX

Angus, David 65

DAVID ANGUS: Born 20/4/25 Brora, Sutherland. Educated Inverness Royal Academy, Lanark Grammar School, University of Edinburgh. Served Royal Navy 1943 – 46. Wrote and published first serious verse and prose at university. Taught English for 20 years; did 10 years' extra-mural lecturing in Scottish Literature, Stirling University. Has published verse in Scots, English and French (*Akros, Scottish Literary Journal, New Shetlander,* etc.). Founder member and former Secretar, Scots Language Society; Vice-chairman, Stirling Literary Society.

Annand, J. K. 19

J. K. ANNAND was born in Edinburgh on the second of February 1908. He has been writing since the late twenties. Volumes of verse include *Two Voices* (1968) and *Poems and Translations* (1975). Translations include *Songs from Carmina Burana* (1978) and three of Wilhelm Busch's rhyming tales. In 1979 he received a Scottish Arts Council Special Award for his contribution to Scottish poetry. He has edited *Lines Review* and *Lallans*.

Armstrong, Kate 110

KATE ARMSTRONG was born in 1944 and has lived in the east of Scotland from Borders to Caithness, consequently her Scots is a mixture of forms from all these areas. Currently a primary school teacher in Dundee, where she also teaches creative writing evening classes, she began writing about nine years ago. Work in Scots and English, poetry, short stories and translations; work published in various periodicals and anthologies.

Baxter, James Reid – See *Reid-Baxter, James*

Blackhall, Sheena 120

SHEENA BLACKHALL, née MIDDLETON (18/8/47), was born in Aberdeen and grew up partly there and on Deeside. Her most recent volume of work is *Collected Poems, 1960 – 1990* (Keith Murray Publications) with a ballad-cassette and second short story collection by the same publisher. She is a single parent, poet, illustrator, short story writer and singer, though not always in that order.

Bold, Alan 99

ALAN BOLD was born in 1943 in Edinburgh where he went to university and worked as a journalist; since 1975 he has lived in Fife. He has published many collections of poems which, according to *The Times*, set 'a new standard for technical virtuosity'. He reviews every Saturday for the *Glasgow Herald* and contributes to the *Sunday Times*. Bold's biography *MacDiarmid* (revd edtn Paladin 1990) won him the McVitie's Prize as 1989 Scottish Writer of the Year.

Brewster, John 164

JOHN BREWSTER, born in 1957, is a native Fifer. His writing has appeared in *Lallans, Scrievins, Scots Glasnost* and *Samizdat*, and in such anthologies as *Behind the Lines* (Third Eye Centre) and *Fower Brigs ti a Kinrik* (AUP). He has edited magazines and run writers' workshops. His present studies in Divinity at St Andrews University dove-tail his concern for creative self-expression with the Universal Spirit.

Bruce, George 20

GEORGE BRUCE, born 1909, was brought up in Fraserburgh, the fishing port on the north-east promontory of Aberdeenshire, where his ancestors were associated with the herring industry since the end of the 18th century. His first collection of poems, *Sea Talk*, draws on life in 'the sea-washed town'. From 1946 – 1970 he was a B.B.C. producer, generally responsible for Arts Programmes in Scotland. In 1971 he was appointed the first Fellow in Creative Writing at Glasgow University. In 1982 he was Scottish/Australian Writing Fellow. In collections of poems after *Sea Talk* – *Landscapes and Figures* (1968), *Collected Poems* (1940 – 1970), and *Perspectives* (1986) – he makes an increasing use of Scots.

Bulter, Rhoda 70

RHODA BULTER: I was born in Lerwick on 15th July, 1929, and my roots go back in Shetland for several centuries. I had an idyllic childhood, spending long summer holidays in the country which inspired most of my writing; however I was very reluctant to see any of my poems in print and wrote mainly for the amusement of my seven children. My first book was produced in 1976, and since then I've had four books published, with two reprints.

Butlin, Ron 131

RON BUTLIN was born in Edinburgh in 1949 and brought up in the village of Hightae near Dumfries. He has published several volumes of poetry, a collection of stories and a novel, *The Sound of my Voice*. He now lives in Edinburgh.

Calder, Robert 138

ROBERT RUSSELL CALDER: b. Burnbank, Lanarkshire; educated Hamilton, Glasgow and Edinburgh, edited *Lines Review*, *Chapman* (1973–8, '88–); poet, critic, writer on philosophy and psychology (*Edinburgh Review, NER, PN Review, Osim, Lallans,* &c. and anthologies). Books: *A School of Thinking* (modern Scottish philosophy) due 1991, also *Serapion* (poetry). Long poems: *Il Re Giovane* (1972), *Ettrick & Annan* ('81), *Bardykes* ('83).

Cameron, Athole 52

ATHOLE CAMERON was born in Glasgow but spent most of her life in Perthshire. She taught in rural schools and was finally headmistress at Howgate, Midlothian, moving after her retiral to nearby Penicuik. First published in an Arts Council anthology in 1952, her work also includes plays and short stories. A lifetime member of the Scottish National Party she has been a parliamentary candidate three times.

Campbell, Donald 91

DONALD CAMPBELL, born in Caithness in 1940, was brought up and educated in Edinburgh, where he now lives and works. A full-time writer since 1974, he has written poems, songs, essays, short stories, a volume of theatre history and recently completed a novel. He remains, however, primarily a playwright for stage, radio and television. His previous stage plays include *The Jesuit* (1976), *Somerville the Soldier* (1978), *The Widows of Clyth* (1979), *Blackfriars Wynd* (1980), *Till All the Seas Run Dry* (1981), *Dr Jekyll and Mr Hyde* (1985), *Howard's Revenge* (1985), *Strikers* (1986), *Victorian Values* (1986) and *An Audience for McGonagall* (1987). Since 1986, he has become increasingly interested in directing, making his debut at the Edinburgh Festival of that year with a production of John McGrath's *Plugged Into History*, following this up with productions of his own *Blackfriars Wynd* and Sir Walter Scott's *The Heart of Midlothian*, which he also adapted for the stage. Campbell's work has twice been recognised with a Scotsman Fringe First for *The Widows of Clyth* in 1979 and for *Howard's Revenge* in 1985, and a number of his radio plays have won major broadcasting awards. Formerly Writer-in-Residence to Edinburgh Schools and Resident Playwright at the Royal Lyceum Theatre, Donald Campbell is currently Fellow in Creative Writing at the University of Dundee. Last summer, he worked as script co-ordinator on *The Dundee Mystery*, is currently engaged on a new production of his own adaptation of *St Ronan's Well* and has just completed a new play, *The Fisher Boy and the Honest Lass*, which will have its première at the Brunton Theatre, Musselburgh, later this year (1990).

Crawford, Robert 173

ROBERT CRAWFORD (b. Bellshill, 23.02.59) lives in St Andrews where he is Lecturer in Modern Scottish Literature in the Department of English at the University. His collections of poems include *A Scottish Assembly* (Chatto, 1990) and (with W. N. Herbert) *Sharawaggi* (Polygon, 1990). Most recently he has edited *Other Tongues: Young Scottish Poets in English, Scots and Gaelic* (Verse, 1990) and, with Hamish Whyte, co-edited *About Edwin Morgan* (Edinburgh UP, 1990). He is an editor of *Verse*.

Cullen, Mike 174

MIKE CULLEN grew up in Tranent, East Lothian. He left school at sixteen to work as a colliery electrician for seven years, before attending Stevenson College, and Edinburgh University, where he is now studying Linguistics. He has also been a semi-professional guitarist/singer for fifteen years. In 1988, he won the Sloan prize for Scottish poetry/prose. He currently lives in Haddington, East Lothian, with his wife, Lesley, and daughter, Lynsey.

Devine, Maud 123

MAUD DEVINE: Born Glasgow 7/4/48.

Douglas, Sheila 75

SHEILA DOUGLAS was born in 1932 in Yorkshire, lived in Renfrew from 1937 – 59, and since then in Perth and Scone. Married with two sons; her husband also writes. They were both teachers and took early retirement. She is now writing a book for Polygon's Living Memory Series, helping to edit the Greig-Duncan Folksong Collection and doing storytelling in schools. She is active in the Scots Language Society and the Traditional Music and Song Association and a member of the SNP. She also writes songs.

Fitt, Matthew 180

MATTHEW FITT was born on 11th October, 1968 in Dundee, supports Dundee F.C. and eats a lot of Wallace's pies! An avid reader of the *Sunday Post* he once met Mr Sula out of Star Trek. Cannae be bothered wi people who tell you how to talk right. Says Scots isnae dead, it's just that naebody kens it's alive. Thinks Nicholas Fairbairn's tartan waistcoats are pure sex! Formed movement with Mike Cullen called The Sash Poets who believe that poetry shouldnae be about flowers or emotions or windswept vistas; poetry should be about drink. Cheers!

Fraser, Kenneth 101

KENNETH FRASER was born and brocht up in Dunoon, syne was a student at Glesca. Aa his warkan life has been spent i the Bibliotheck o Saunt Aundraes University. He disnae write owre muckle: it's maybe juist as weel.

Galbraith, Carol 72

CAROL GALBRAITH, born Campbeltown 8.6.30; married Derick Thomson; one daughter, five sons. Mathematics teacher in Glasgow, later taught Gaelic at Breadalbane Academy and Grandtully primaries. Secretary, Aberfeldy Branch of An Comunn Gaidhealach 1979 – 85. Singer, Mod Gold Medallist. In Stirling 1979 gave the

Scots song recital at 'Memorial Tribute to Hugh MacDiarmid' delivered by poet Alexander Scott for the Scots Language Society. In 1977 won Glasgow University's McCash Prize for Scots Poetry.

Garry, Flora 13

FLORA GARRY (née Campbell) was born on 30th September, 1900 in Aberdeenshire. Educated Aberdeen University, M.A. (Hons) 1922. Published 1976 *Bennygoak and other Poems*, for which she received an Arts Council Award. Frequently broadcasts on radio. Former President of Buchan Heritage Society and Vice-president of the Scots Language Society. Married R. C. Garry, Emeritus Professor of Physiology, Glasgow University. One son and two grandchildren.

Glen, Duncan 78

DUNCAN GLEN's first substantial collection of poetry, *In Appearances* was published in 1971 and many other collections have followed; his *Sometimes in Edinburgh* is due in 1991. His *Hugh MacDiarmid and the Scottish Renaissance* was published by Chambers, 1964, and he edited *Selected Essays of Hugh MacDiarmid* for Cape. His *Makars' Walk* was published by the Scottish PoetryLibrary in 1990 and his *The Poetry of the Scots* is to be published by Edinburgh University Press in 1991. From 1965 to 1983 Duncan Glen edited *Akros* poetry magazine through 51 numbers. He is Emeritus Professor of Visual Communication in Nottingham Polytechnic but lives in Edinburgh.

Grant, James Russell 54

JAMES RUSSELL GRANT: b. Bellshill, 14.12.24. Hamilton Academy, Glasgow University, Inst. of Psychiatry, London S.E.5. Prov. Govt. psychiatrist, Alberta, Canada, 1955–57. G.P., King's Cross/Bloomsbury, London, 1958–88. *Hyphens* (poems), Putnam, 1957; *Poems*, Botteghe Oscure, 1958; *The Excitement of Being Sam*, Outposts 1977; *Myths of My Age*, Univ. St. Pancras, 1985. Contr. B.B.C., C.B.C., *Saltire Review, Lines Review, Chapman, Ambit.*

Herbert, W. N. 177

W. N. HERBERT was born in Dundee in 1961, and educated there and in Oxford. He teaches Creative Writing in Oxford, where he lives with the novelist Debbie Taylor. He is currently writing a book on Hugh MacDiarmid for Oxford University Press. In 1990 *Sharawaggi*, poems in Scots by Herbert and Robert Crawford, was published by Polygon. In 1991 he was awarded a Hawthornden Fellowship to work on his next collection.

Hershaw, William 166

WILLIAM HERSHAW was born on 19th March, 1957. Lives in Dysart, teaches English, Viewforth High School, Kirkcaldy. Previously published *High Valleyfield, Glencraig, May Day in Fife*, poems mainly in Scots. Contributor to *Four Fife Poets* anthology. Has edited *Scrievins* and *Scots Glasnost*.

Holton, Harvey 131

HARVEY HOLTON was born in Galashiels in 1949 on 11th July. Has lived all over Scotland and is just back from two years on Barra to settle back in Fife. Has one collection – *Finn* (3 Tygers, 1987) and contributed to the *Four Fife Poets* anthology (AUP, 1988). Ran writing groups in Dundee for four years and was Community Writer in Residence in Possilpark, Glasgow in 1990. Worked with traditional and classical musicians and artists/painters and is interested in continuing this. Currently Writer in Residence, Duncan of Jordanstone College of Art and Dundee District Libraries.

Hubbard, Tom 141

TOM HUBBARD took his Ph.D. at Aberdeen University and qualified as a librarian at Strathclyde University. In 1984 he became Librarian of the Scottish Poetry Library. He has taught Scottish literature at Edinburgh University and guest-lectured on Scottish poetry in Belgium, Germany and Italy. His articles, essays, reviews and Scots poems have appeared in a wide range of magazines and books in Scotland and mainland Europe. He is one of the *Four Fife Poets: Fower Brigs ti a Kinrik* (AUP, 1988), and has read his work on Scottish Television's *In Verse* series. He has recently completed a new collection, *The Lane an Luveless Leddy Turandot*: the title-work is a grotesque theatre-piece in Scots verse. Currently researching the work of Robert Louis Stevenson, and the possibilities for a multi-media work on the Scottish Faust.

Hutchison, Alexander 101

ALEXANDER HUTCHISON: Born towards tea-time on October 20, 1943, in the maternity wing of Seafield Cottage Hospital, Barhill, Buckie (since closed in the quest for rootless uniformity). Went to local schools and Aberdeen University. Worked in Canada at university teaching. Came back to Scotland in 1984 to write and take stock. Still taking stock.

Jamieson, Robert Alan 169

ROBERT ALAN JAMIESON (b. 1958) has published a poetry collection, *Shoormal* (Polygon, 1987), and two novels.

Kay, Billy 151

BILLY KAY was born in Galston, Ayrshire on September 24, 1951. He lived there in a solidly Scots-speaking community until he went to Edinburgh University at the age of 18. He has published poetry in Scots in Robert Garioch's Carcanet anthology *Made in Scotland* and short stories in *The Scotsman* and *Genie*. He has promoted awareness of Scots in his BBC radio series 'The Scots Tongue' and 'Odyssey', the television series 'The Mother Tongue', the Scottish Television chat show 'Kay's Originals' and the book *Scots: The Mither Tongue*. His play 'They Fairly Mak Ye Work' was staged at Dundee Rep in 1986. He lives with his wife and three children in Newport-on-Tay.

Kay, Jim 74

JIM KAY, born Kilmarnock, Ayrshire, 25th October 1930. Left school without qualifications and became an electrician. After an assortment of jobs went to university as a mature student, then worked in schools and teacher training college. Presently lives in Prestwick and works in a school in Kilmarnock. Came late to poetry in the mid-eighties, has appeared in *The Spectator*, the *Glasgow Herald* and *Orbis*. Self-published a small collection in 1987 – *A Bitia Tarzan Film*. Is well-known in Scotland through the T.V. documentaries about his legal fight over medical accidents.

Kinloch, David 176

DAVID KINLOCH was born in Lennoxtown on 21st November, 1959 and has spent most of his life in Glasgow. He graduated from

Glasgow University in 1982 and from Balliol College, Oxford in 1986. He currently lectures in French at the University of Strathclyde. In 1984 he founded the international poetry magazine *Verse* with Robert Crawford and Henry Hart and has published poems in *Cencrastus, Lines Review, London Magazine, New Writing Scotland* and other periodicals. A selection of his work appears in *Other Tongues: Young Scottish Poets in English, Scots and Gaelic.*

Kynoch, Douglas 86

DOUGLAS KYNOCH: Born in Aberdeen in 1938, he has been associated with broadcasting for most of his life.

Law, T. S. 31

T. S. LAW was born on 31st October 1916, in the village of Newarthill in Lanarkshire. Having left school after the normal elementary followed by three years secondary schooling, he worked in various jobs before enlisting in the Royal Air Force as a mechanic some three years before the Second World War. After demobilisation, he was employed principally in coal-mining and aero-engineering. He retired in 1981.

MacCallum, Neil R. 160

NEIL R. MacCALLUM: Born Edinburgh 15 May 1954 and has lived there ever since. Worked for many years in health service administration. A former Edinburgh City Councillor. Served for five years as National Secretary of the S.N.P. Former member, national committee, Scots Language Society. Member, Scottish Poetry Library committee. Edited issue No.4 of *Scots Glasnost* broadsheet and is a regular book reviewer and arts columnist for the *Scots Independent*.

McCash, James Alex 14

JAMES ALEXANDER McCASH was born on 5th October, 1902. He matriculated at the University of Glasgow in 1920 and graduated B.Sc. (Engineering) in September 1924. In November 1929 he joined the staff of the Anglo-Persian Oil Company Ltd., London – later the Anglo-Iranian Oil Company, Ltd., *now* the British Petroleum Company Ltd., proceeding to Abadan, Persia, in January, 1930.

Retiring in 1963, he wrote several short biographies of William Murdoch, the Gas Industry inceptor, Lord Kelvin of Largs, Dr Denis Papin, and a book of verse – *A Bucolic Nickstick*. Since mid-1985 to date, he has written a historical record of Glasgow, entitled *The Chronicles of St Mungo: Yesterday and To-day*, whose publication is imminent.

McDonald, Ellie 83

ELLIE McDONALD, born Dundee 1937.

McDonald, John 88

JOHN McDONALD: I was born in the Highlands; coming to Edinburgh as a child I have lived here ever since. A time-served stonemason I have been building bridges for the last few years and have ettled to do the same with language.

McGavin, Stewart 75

STEWART McGAVIN is an academic scientist, now part time. His main scientific interest is in protein and nucleic acid structure. He rejected Scots early in life as being inconsistent with 'getting on' but has since realised that was a big mistake. Verse was taken up in an attempt to recover something of what was lost.

Macgregor, Forbes 17

FORBES MACGREGOR was born on 13th July, 1904 in Edinburgh. He attended Regent Road Primary and Broughton Secondary and graduated B.A. (Hons) in London in 1937. Forty-one years a teacher in Edinburgh, he retired in 1965 as head of South Morningside. Written in Scots, mother tongue, since 1920, encouraged by George Ogilvie, MacDiarmid's mentor. Author of over twenty published books in English prose.

Mackie, Alastair 68

ALASTAIR MACKIE: Born 1925 and educated at Aberdeen University 1946–50 where I took English (Hons.) degree: began writing in Scots after reading MacDiarmid's *Sangshaw* 1952:

published *Soundings* (Akros), *Clytach* (Akros), *Ingaitherins* (A.U.P.); Arts Council awards 1976, 1987; switched to English 1988; from the outset practised translation in Scots; I am not a 'young makar'; I associate myself with this collection in order to publicise my versions of Umberto Saba.

McManus, Tony 152

TONY McMANUS: born 27th February, 1953 in Edinburgh, took work as a teacher after doing various jobs and spending a year in North Africa. Contributes verse and articles regularly to literary magazines in Scotland. Has translated (mainly, but not only) into Scots from French writers including Brassens whose songs he performs and has issued on cassette.

Manson, John 76

JOHN MANSON: I was born in Caithness where my parents were crofters. In my early twenties my mother and I moved to a croft in Sutherland, the county from which my great-grandmother had been cleared. I have also lived in Aberdeen and Aberdeenshire, Fife, Edinburgh, Motherwell, Roxburghshire and Kirkcudbrightshire (and even five months in England!). I taught in various schools for thirty years and have just retired to concentrate on literary work.

Milligan, John 95

JOHN MILLIGAN: I was born in a time of austerity in a house of thrift. Then the post-war polio epidemic forced me to play the sickly Factor's son but recovery prepared me to play many other parts. Draughtsman, Graduate in Drawing and Painting, Teacher, Designer, Broadcaster, Administrator, Promoter, Political Activist, Playwright, Poet, Songwriter, Entertainer, Theorist in Phonaesthetics. Re-organised Edinburgh Fringe in the early seventies, raised 'venue' to a generic superordinate.

Milne, W. S. 156

W.S. MILNE: Born 28 September 1953 in Aberdeen. Brought up in Woodside, Portlethen and Dyce. Educated at Bankhead Academy, Newcastle University and Garnett College, Roehampton. Teaches

English and Information Processing at Merton College, Morden, South London. *Twa-Three Lines*, a pamphlet, published by Agenda Editions/Big little Poems in 1987. Poems published in *New Writing Scotland 6 & 7, Cencrastus, Chapman* and *Lines Review*.

Montgomerie, William 18

WILLIAM MONTGOMERIE was born in Parkhead, Glasgow, and took his M.A. at the city's University. During the 1930s he travelled extensively in the Scottish Highlands, Germany and Austria. His marriage to the artist Norah Shargool was the beginning of both a personal and a professional partnership; together they have edited several collections of traditional children's songs and rhymes, illustrated by Norah. In 1940 William Montgomerie collected and taped folk songs from Angus and the travelling people; ten years later, he was awarded a Ph.D. from Edinburgh University for his research on folk song and poetry. Dr Montgomerie is a former Editor of *Lines Review*; his books include *Via, Squared Circle* and *From Time to Time* (collected poems).

Morrice, Ken 59

KEN MORRICE was born in Aberdeen in 1924. He qualified there in Medicine and later trained as a psychiatrist, working for a time in the USA and Sri Lanka. He writes poetry in English and Scots. A sixth poetry book, *The Scampering Marmoset*, was published in 1990 by Aberdeen University Press.

Morrison, David 98

DAVID MORRISON: Born, Glasgow, 4.8.41. Son of Glasgow novelist 'The Dominie'. Currently a Librarian in Wick. Came to Caithness 25 years ago. For ten years ran and edited *Scotia Review*, ran the Wick Folk Club for seven years, and for a similar period the Wick Festival of Poetry, Folk and Jazz. Caithness is his adopted land. Also painter and sculptor. His brand of Scots is important to him (he mainly now writes in English), because of the passionate lyric and satire. He believes in the poet as part of the community, therefore he stays in Wick. He classifies himself as a Scottish Cultural Patriot and also believes that Scotland is so many little nations within a nation. He also searches for 'the God of his mind'.

Murray, John 161

JOHN MURRAY: Ethnic Scot. Aberdeen Angus breed. Born 30.9.54 Gold Coast, West Africa. First conscious memories in Cupar, Fife. Educated in Surrey, London, Sussex and Manchester. Landscape Architect in Manchester, Rochdale and now in the Scottish Borders. Can't write in English without unacceptable plagiarism of style. Eliotisms etcetera. Can't write Scots in England. In Scotland for life therefore.

Neill, William 48

WILLIAM NEILL: b. 22.2.22 Ayrshire. Ex-airman, ex-teacher. Ed. Ayr Grammar School, Ayr Academy, mature student Edinburgh University. Former Editor *Catalyst* magazine (Scotland), *Lallans* magazine. Several collections of verse in Gaelic, Scots and English. Latest: *Wild Places; Blossom Berry Fall; Making Tracks*. Has read work on B.B.C. Scotland, Scottish Television, and in Ireland, Italy and Germany. Lives in Galloway scribbling out lines while wife Dodo does almost everything else.

Ogston, David 117

DAVID OGSTON was born on the Feast of the Annunciation (25th March) the year the Second World War ended. There is no connection between these two happenings. He has done nothing of any interest since! School, Aberdeen University, and then a spell in Edinburgh in St Giles Cathedral as an Assistant Minister, which led to his first charge of Balerno, where he was Parish Minister for seven years. In 1980 he came to Perth where he intends to stay till he is found out. He is married to a teacher, Meg, and has two teenage daughters and two female cats. This is known as positive discrimination. In recent years he has undergone a mild revolution in his theology, whereby he is now drawn to the Orthodox Church's liturgy and practices – hence 'Twelve Scottish Icons'. His favourite poet is R. S. Thomas, and his favourite dinner is mince and skirlie. He still listens to Becket and Bix Beiderbecke, sometimes. And King Oliver. And Louis Armstrong, preferably the Hot Five sessions recorded in the mid-20s. And Duke Ellington. And Muggsy Spanier. His present charge, St John's Kirk of Perth, is arguably the most beautiful church in Scotland.

Paisley, Janet 127

JANET PAISLEY: born London 12/1/48, grew up in the village of Avonbridge from where she attended Falkirk High School and Callander Park College. She abandoned teaching in favour of motherhood, and marriage for the relative calm of rearing six sons single-handed. A full-time writer, writing in English and Scots, her poetry, short stories, poems for children, and works for the theatre have been widely published and performed. Currently Writing Fellow for Glasgow City Libraries, South Division.

Purves, David 61

DAVID PURVES: Born Selkirk, 9 April 1924. Educated Galashiels and Edinburgh University. Author of *Trace-Element Contamination of the Environment*, Elsevier, 1977, 1985. Over 100 published poems in Scots, including collection, *Thrawart Threipins*, Aquila 1976. Six plays in Scots, including translation of *Macbeth. The Puddok an the Princess, The Knicht o the Riddils*, and *Whuppitie Stourie* professionally produced. Past Preses of the Scots Language Society and currently editor of *Lallans*.

Reid-Baxter, James 162

JAMES REID-BAXTER was born 16 July 1954 in Buckie; he grew up in Macduff, another Banffshire fishing community. Two degrees in modern languages taken at Aberdeen were followed by longterm unemployment, forcing him to emigrate to Luxembourg in January 1987; he continues to be involved in Scottish musical life as best he can.

Rich, Lilianne Grant 23

LILIANNE GRANT RICH was born in Glenlivet on 20th June, 1909 and brought up on Speyside. She taught in Dumfriesshire and Aberdeen. Married in 1934. Thereafter furth of Scotland for thirty years. After being widowed, returned to Scotland and with intermittent worldwide travel has been based in Aberdeen for twenty-five years. Publication has included much freelance journalism, four books of poetry (Scots and English), a book of childhood reminiscences and one of travel. Has already been included in six anthologies.

Robertson, James 172

JAMES ROBERTSON: Born 14/3/58. Grew up in Bridge of Allan, Stirlingshire. Studied History at Edinburgh University and wrote Ph.D. thesis on the work of Walter Scott. Works in a bookshop in Glasgow. Stories and poems in Scots and English published in various outlets.

Saunders, Donald Goodbrand 136

DONALD GOODBRAND SAUNDERS: Born 16/7/49. Came to Glasgow from rural Perthshire in 1967, and has been living and writing here since. Received two SAC Writers' Bursaries. Author of *The Glasgow Diary* and *Findrinny* (selected poems). Currently working with Dog & Bone publishing.

Saunders, R. Crombie 27

R. CROMBIE SAUNDERS: Born 1914. Involved in the Scottish literary scene of the '40s and '50s, in particular the 'Lallans' movement. Edited *Selected Poems of Hugh MacDiarmid* (1942) and (with J. D. Fergusson) *Scottish Art and Letters* (1944–48). Associate and Literary Editor of *Forward* (1947–59); Editor of *The Scottish Angler* (1948–53). Latterly a school-teacher; lived in retirement in Perthshire. Poetry publications: *The Year's Green Edge, XXI Poems* and *This One Tree*. Sadly, Mr Saunders died on 14 February 1991.

Scott, Tom 36

TOM SCOTT: born Glasgow 1918: St Andrews 1931–1939. War service included Nigeria 1941–43: stayed in London 1943–1953 when went to Newbattle Abbey, then Edinburgh University for honours M.A. in English Literature and Language. In 1951, after some months in Sicily and Italy on an Atlantic Award, found his Scots voice; ran it in translating Baudelaire and Villon. Wrote title poem *Brand the Builder* London 1951. Wrote mainly in Scots till 1972 when

The Tree forced a return to English for zoological purposes. Has used both languages since, as and when appropriate. Latest book-length poem *The Dirty Business* (1939–45 war) 1986.

Silver, R. S. 24

R. S. SILVER is known internationally for his original contributions in engineering science, recognised in 1968 by the award to him of the UNESCO Science Prize, and in 1979 by his election as Foreign Associate of the U.S. National Academy of Engineering. As well as scientific textbooks and papers, he is the author of essays, poetry, and plays. His native fluency in Scots is evident in the extracts in this Anthology from his play *The Bruce*.

Stevenson, Ronald 69

RONALD STEVENSON, music makar, born in Blackburn (Scotia irredenta) 1928. Read Burns as a laddie on Darwin Muirs wi the halesome stink o coo-dung i ma neb. Kent MacDiarmid, MacLean an Goodsir Smith weel, ayont a score o yeirs. Read Soutar in a howe on the machair in Tiree. Read Whitman and Dante (ma favourites) i West Linton Wuids (A byde close by). Correspondit wi Pound whan he wur in jile. Swiss Alps aye mak me ettle tae transmogrify German makars intil Scots. Pomes mak me greet, mair nor music. An 'a tear is an intellectual thing' (Blake). A hae set intil prick–sangs 300 pomes.

Sutherland, Bill 146

BILL SUTHERLAND was born in 1950. He was raised in Dumbarton in a working-class family and took a degree in Classics at Glasgow University. Writing in Clydeside dialect and English, he tries to convey the spirit of his working-class background from its jokes to its deepest aspirations and loves. His first collection of poems, *A Clydeside Lad*, was published by Clydeside Press in 1989.

Tait, William J. 44

WILLIAM J. TAIT, born Yell, Shetland on 15th November, 1918, was brought up in Sandwick, Shetland and now lives in the house of his birth (reconstructed) in Reafirth, Mid Yell. Has written poems in

Shetlandic (Shetland Scots), in various forms of mainland Scots, from classic to demotic, and English. Collected poems – *A Day Between Weathers* published by Paul Harris in 1980. Now hopes to have a collection of his translations, mainly of Villon, running to some 700 lines, but also of other poets, published.

Vettese, Raymond 147

RAYMOND VETTESE. Born Arbroath, 1950. Began to write in Scots in the mid-70's and has since regularly published. His collection, *The Richt Noise & Ither Poems* (Macdonald Publishing 1988), won the Saltire Society's award for Best First Book. He held the William Soutar Writer's Fellowship, based in Perth, from 1989–90. Currently teaching about Scotland in the American School, R.A.F. Edzell. Recently elected Preses of the Scots Language Society.

Watson, Roderick 102

RODERICK WATSON (12.5.43) comes from Aberdeen. Currently lecturing in English Studies at the University of Stirling, he has worked in Canada, Cambridge and Edinburgh, where he received an Arts Council Writer's Bursary in the early 70s. He likes cycling and modern jazz and lives by the River Forth. Publications include *The Penguin Book of The Bicycle* (with Martin Gray); *MacDiarmid*; *The Literature of Scotland*; *The Poems of Norman MacCaig*. His own poetry appears in *True History on the Walls* as well as in numerous magazines and anthologies.

Wolfe, William 64

WILLIAM WOLFE's main interest is working for independence. He has been Chairman of the Scottish National Party, 1969–79; Treasurer of Scottish Campaign for Nuclear Disarmament, 1982–85; founding Chairman of the Scottish Heritage Society, 1981–87. Since 1986 he has been Secretary of the Scottish Poetry Library.

GLOSSARY

This is compiled from definitions supplied by the poets. Certain expressions and idioms of more than one word are explained in NOTES TO THE POEMS.

The glossary is intended to be especially useful to overseas readers who have a knowledge of English but are unfamiliar with Scots. No glossary, however, can ever be as exhaustive as a dictionary; further assistance should be sought from *The Concise Scots Dictionary* (Aberdeen, 1985). *Chambers Scots Dictionary* (Edinburgh, 1911; since reprinted) and *The Scots Thesaurus* (Aberdeen, 1990) are also of interest.

A – I (first person singular pronoun)
aa – all
aa yon – all that
aarl – walk feebly
able-boukit – able-bodied
ablow – below
abune – above
ae – one
ae – every, all, of
aff – off
afore – before
agin – against
agley – awry, askew, out of place
ahint – behind
aiblins – perhaps, maybe
ain – own
airlier – earlier
airms – arms
airts – places, locations, districts, points of the compass
aise-midden – ash-heap
aishan – kindred, breed (*frequently contemptuous*)
aishins – eaves
aix – axe
akh – oh! (*exclamation*)
alane – alone
allers – alders
alowe – on fire
alsweill – also
amadan mhor! (Gaelic) – great fool!
amang – among
an – and
anely – only
anerlie – only
antrin – random
appint – appoint
arle – earnest money given on contracting work
arlich – dry
athort – across
atteiched – secured
attour – over
atween – between
auch – fearful
auld – old
auncient – ancient
ava – at all
awa – away
awayis – always
a wee – a little, partly
awn – acknowledge
aye – always, still, ever
aye-at-haun – always at hand
ayebidin, ayebydan – eternal, everlasting
ayont – beyond

bab an bou – bow and scrape
badd – garment
baillie – town magistrate
bairn – child
banes – bones

bare scud – naked
baudrins – cats
bauken – bat
bauky burd – bat
bauld my gleid – stir me
baur – bar
bawdrons – cat
baxter – baker
beak – magistrate
beakit – beaked
beas – beasts
becam – became
beet – ought
beil – fester, supurate
bein – snug
belyve – by-and-by
ben – within, inside
benmaist – furthest in
beryall – jewel, jewel-like
besommed – broomed, swept
beuch – bough
bi – by
bield – shelter
bigg – build
biggit – built
bink – bench, shelf
birks – birch-trees
birlin – spinning
bittersie – intense cold
blae – blue
blae – dark, livid
blate – shy
bleckened – blackened
bleffarts – storm
blether – chatter
blethers neist . . . een – on the verge of tears
blichtit – blighted, poisoned, polluted
blin – blind
blinfauld – blindfolded
blink – instant, moment
bluid – blood
blyde – happy, grateful
boakin – vomiting
bogles – ghosts, terrifying phantoms
bool – marble
boozer – bar, pub
bord – table
böst – must (*used emphatically*)
bot – but
bou – bow
boucht – branch, bough
boukit – body-swollen in pregnancy
bourtree – elder tree
bowdirs – squalls
box bed – enclosed bed, set into wall
braal – fragmented mass
braggir-coorse – like a coarse seaweed
braid – broad
braird – shoot (of a plant)
braith – breath
braw – pleasant, impressive
breenge – barge in
breerin – germination
breers – briars
breet – brute
breikit – broken
breist – breast
brent-new – brand-new
brig – bridge
brither – brother
brockie – black and white
brookt – enjoyed
brou – brow
brucklest – frailest
buff – bare hide
buiks – books
buirdliest – most impressive, magnificent
buirdly – solid
bumbazed – confused, perplexed
bunnet-laird – small farmer
bunsucken – obligated
burn – stream
bursled – burst, decrepit, the worse for wear
buss – bush
but – without, outside
bydes – remains
byles – boils
bylie – baillie, wall of castle
byocks – retches
byre – cow-shed

caa – call, visit
cairry – carry
caller – fresh
cam – came
canny – careful, prudent
cantrips – tricks
carlin(e) – (old) woman, witch, hag
cauld – cold
cauldrife – cold; cold-causing
causey-stanes – cobblestones, paving-stones
caw – proceed
ceest – cast
celsitude – highness
chaff – patter, conversation
chafts – cheeks
challance – challenge
chamfert fast – chamfered stolidly
chappin – knocking
chappit – struck the hour
chauvan – struggling
chiel – fellow, childe, carle, lad or man
chirk – gnash, yowl
chitteran – chattering, shivering
chowe – chew
chukkies – small stones
chyne – chain
chynged – changed
circuat – encircling
clamjamfrie – assortment
clash – gossip
clatty – dirty
claught – grab, seized
cleek – take the arm of
cleikit – clutched, caught
clifts – crevices
clip – embrace, clasp
clockt – recognised, ascertained
close – entry to a tenement, passageway
coags – peeps
coal-hyuchs – coal-mines
coatit – coated
cobwabs – cobwebs
comploutheran – coinciding, agreeing
con – squirrel
conters – opposes
coupin – emptying
couried – snuggled
courin – cowering
courry – run, hide
couthie, couthy – sociable, familiar, good-natured, likeable, kindly
corp – body
cowp – upend
cowped – knocked over
cowssie – sharp dip in strata used as self-propelling place for full and empty hutches
cragbane – neckbone
craig – neck
craunreuch – frost
creashiness – greasiness
creesh – fat
cried – named
croes – encloses as in a sheepfold ('a croe')
croose – cheerful
crowlin – crawling
crummlin – crumbling
crummock – stick; shepherd's crook
cryne – recoil, shrink, withdraw
cuid – could
cuidna – could not
cuist – thrown
cundie – waste passage
cwyles – glowing embers

da – dad
dae – do
daffin – playing
daffy – silly
daftie – half-witted
daich – dough
daid – dead
daith – death
daithlie – deathly
dale – dividend
dallowit – dug
darg – toil
daunerin – strolling
daurk – dark
dawan, dawin – dawning
dayligaun – twilight

deasie – cold, raw
deavin – deafening
dee – die
deevilock – devil
defait – defeat
deid – dead
deid-bell – passing-bell
deid-chack – sound made by wood worm, a death omen
deid-hole – grave
deid-thraw – death-throe
deir – dear
deirlie – dearly
deleerit – delirious
dell – delve
dern – secret, hidden
derns – hides
derts – darts
dicht – wash clean, wipe, polish
dim-riv – daybreak
dings – strikes
dinna – do not
dirdum – uproar
Dirkanglaivie – dagger and sword
dirkie – small dagger
dirl – shock; produce loud vibrations
disjaskit – forsaken
disjinit – disjoined, fragmented
div – do
dizzy – scatter-brained
dochter – daughter
donnart, donnert – thick-headed, stupid
dook – deep point of dipping road
doom – sentence in Scots law
doon – down
doon-borne – oppressed
douce – respectable, sober, sedate
doun – down
doups – bottoms, backsides
dour – stubborn
dover – doze
doverie – stupefying
dowf – sad, withered, dull
dowie – sad
dozent – stupid
draan – drawn
draiggilt – wet
dree – endure
dreech – dreary
dreechlie – slowly
dree his weird – endure his fate
dreein – grieving
dreelan – a mass moving busily
dreels – rows as in a berry field
dreich – dreary
dreid – dread, fear, horror
driddlan – uncertain, dilatory
drochts – droughts
drouth – drought, thirst
drouthie – thirsty
drow – drizzle
drumlie – muddy (water)
du – you (*second person singular pronoun, familiar form, in Shetlandic*)
dule – sorrow; grief-stricken
dun – fort, citadel
dung doun – struck down
dwable – limber, weak
dwaiblie – feeble
dwam – swoon, stupor, daydream, hallucination
dwaumy – dreamy
dwibel – limber, weak
dwyne – dwindle, fade
dy – your (*second person singular possessive pronoun, familiar form, in Shetlandic*)
dyke – wall

easy-ozy – relaxed, superficial
ee – eye
eebrou – eyebrow
eedjit – idiot
een – eyes
eenou – even now
efter – after
efter-kin – descendants
eident – diligent, persistent, assiduous
eild – age
eird – the earth
eldrich(t) – uncanny, ghostly
emerant – emerald
eneuch – enough

esk – newt
etincelant – glittering
ettin – giant
ettle – direct, aim, intend
ever-twynan – ever-twisting

faa – fall
faas – falls
fae – from
faem – foam
fags – cigarettes
faider – father
fair – fairly, well
fair-stoondit – very shocked
faither – father
fane – eager
fankle – trap, tangle
faroush – cruel, savage
fash – trouble, anger
fause – false
feart – afraid
fechtin – fighting
feck – the greater part, majority
feckless – ineffectual
feddir – feather
feelawsophie – philosophy (*a punning spelling, à la James Joyce*)
fegs! – (*an exclamation*)
feim – rage
fekfu – powerful
fell – necessity
fere – friend, companion, comrade, confederate,workmate
ferlie – strange, magic; a wonder, marvel, a curiosity
ferme – farm
fey – fated
fiker – one who dallies with a woman
fin – when
fir – for
fit – foot
fit – what
fittie – nimble, light-footed
flair – floor
flane – arrow
flaws an flachts – flakes
flech – flea
flee stick til the waa – to pass over without further comment
fleemit – flamed
flichterin – fluttering, palpitating
flindert – splintered
floorish o' gean – blossom of wild-cherry
flourish – blossom
fluke – a small flounder
fly – cunning, secret
foonders – founders, collapses
foonds – foundations
forby, forbye – moreover, also, as well; except
forefowk – ancestors
forehand – first
forers – profiteers
foretelt – foretold
forfochen – exhausted
forgien – forgiving
forjeskit – abandoned
fornent – in front of
forrit – forward
founert – clapped out
founs – foundations
foustie – mouldy
fouth – abundance
fower – four
fowk – people
fraacht – load
frae – from
fraisie – ingratiating
fraisin – ingratiating
fremmit, fremt, fren – unfamiliar, strange
freyts – fruits
frimple-frample – indiscriminate, random
froad – froth
fufft – blew gently, wafted
fulyerie – foliage
fun – find
fungel – sly person
fup – blow
fur-aye – everlasting
furbye – as well (as)
furnenst – against
furrit – forward, pressing

fushionless – weak, spineless
fuspert – whispered
fykie – troublesome, difficult
fyles – sometimes

gab – see *steek one's gab*
gae – go
gaffer – charge-hand
gait – way, road
gallus – smart
gang – go
gangrel – vagabond
gantan – yawning
gar – make, compel
garred – made, compelled
gart – made, compelled
gate (stey) – road (steep, hard)
gaun – go on (*often contemptuous*)
gavel-winnock – gable-window
gean – see *floorish o' gean*
gear – wealth, treasure, equipment
geas (Gaelic) – a happening, more especially a taboo, that is fated to befall a person
geck – stare
geggie – a small play
get – offspring
gey – very
ghaists – ghosts
gie – give
gie hee-haw – *Clydeside rhyming slang for* (to) care fuck-aw (fuck-all)
gie owre – give up
gillatrypes – witches' dances
gin – if; if it was; lest
ginks – tricks
ginn – at the period of, by, by which time
girdin – performing vigorously
girn – complain
gizzard – neck, crop
gizzen-bed – child-bed
glaikit – foolish, thoughtless
glaikt – cheated, betrayed
glaur – mud
gled – kite
gleg – quick, nimble
gleid – see *bauld my gleid*
glen – valley, hollow
gless – glass, mirror
glisk – glimpse
glisked – glanced
gloamin – dusk
gloan – character, mettle
glöd – glow
golochs – earwigs
gomeril – fool
gousty – windy
gowden – golden
gowf – golf
gowk – cuckoo, fool, idiot
gowl – howl, yell
gowp – gulp, swallow
graip – an iron pronged fork
graith – possessions
gralloched, grallocht – disembowelled
granks – groans
grat – wept
gree – honour
greeshoch – red, glowing, flameless fire
greikin – day-break
greinin – yearning
grett – cried, wept
grippy – mean, stingy, grasping
groo – grey
groo-graithit – grey-clad
growthieness – fertility
grue – disgust; cold, creeping feeling of horror
gruggilt – disfigured
grun – ground
guest o the toun – prisoner
Guid – God
gurr – growl
gurriein – driving inwards
gyill – hollow or small valley
gypit – yawned
gyte – mad

haad – hold
haad – lair, stronghold
haar – mist, fog
hae – have
haet – a trifle, an iota
haill – whole

hain – save
hairst – harvest, autumn
hairt – heart
hale – whole
halflin – adolescent, youth
hames: pit the hames on – to obstruct, destroy
hansels – marks, celebrates with a gift
hantle – considerable quantity
hap – cover
happed – clothed
happit – wrapped round, wrapped up
haps – hides
harns – brains
harsk – harsh
haud – hold
haud . . . wheesht – keep quiet, remain silent
hauds forrit – continues in a determined way
hauf – half
hauf – a measure of whisky (or, in one context of this anthology, vodka)
haun – hand
haund – hand
haus – neck
haveril – a person who talks foolishly and too much
hechle – struggle
hecht – promise
hedder – heather
hee-haw – see *gie hee-haw*
heevin – heaven
heezed – raised
heft – precious possession
heich – high
heichest – highest
heich-heidit – arrogant (*literally,* high-headed)
heid-bummer – boss, leader
heids – heads
heid-yin – boss
heir – inherit
heists – lifts
heles ower – covers
Helly – weekend
hert – heart
hertsair – heart-sore
het saits – hot seats
hing – hang; thing
hinmaist – hindmost, last
hinner-en – hinder-end
hird – garner
hirdin – taking in harvest
hirplan – limping, stumbling
hirslan – shuddering
hitteran – shivering
hoastin – coughing
hömin – twilight
hoolet – owl
hooley – party, jollification
hoor – whore
hornshottle – *literally*, slack-toothed
hotchin – seething
houghmagandie – fornication
houlet – owl
howders – hobbles
howes – hollows
howff – pub, tavern
howk't – dug
howlat – owl
hummle – humble

i – in
idder – other
idders – others
ilka – each
ilk ane – each (every) one
ill-faurt – ill-favoured
ill-thriven – under-grown, under-developed, under-nourished
ime – soot
in ben – within
incaains – prayers, invocations
inches – islands
ingaunees – drift mines
ingine – ingenuity
ither – other
ithers – others

jag – prick
jalouse – suppose, suspect, guess
jaskit – exhausted

jauds – jades
jile – jail
jine – join
jiner – carpenter
jobes – thorns
jouk – dodge, duck
joukan – taking evasive steps, jinking
juist – just
juistice – justice

kaas – calls
keek – look
keekiebo – see *oncost keekiebo*
keekin-gless, keekan-gless – mirror
keekit – spied
keekt – looked
keest – taste
ken-hou – know-how
kent – knew
kep – capture
kepp – control
kests – casts
kimmerin – birth-party
kinks – spasmodic chokings
kinna – kind of
kinrik – kingdom
kintra – country
kippage – confusion
kipper-nose – hooked nose
kirkyaird – churchyard
kists – chests
kitchen – make tasty
kittled – tickled
kneggum – disagreeable taste
knowe – knoll
'kypes' – a game in marbles
kypie – a man who uses his left hand instead of his right
kyth – appear

lachin – laughter
laich-spreitit – low-spirited
laird – landlord
laithlie – loathsome
lane – alone, lonely
lane (aa my) – all alone
langamachie – rigmarole
lang-cowpit – long-ruined
lang-syne – long ago
larbar – sluggish
laucht – laughed
laund – land
lave – leave
lave – the rest, remainder
laverock – skylark
lawd – lad
lazar-houss – leper hospital
lea – shelter
lealty – loyalty
learit – learned
lee – lie, untruth
leerie – lamplighter
leerielicht – lamplight
lees – less
leevin – living
leid – language
leiden – leaden
leman – lover
lempit-ebb – the shore between high and low tide, where limpets are gathered
leuk – look
libbit – castrated, mutilated
lichtlie – belittle
lift – sky
ligg – to lie (i.e. position of the body, not untruth)
liltit – sang
limmer – mistress, hussy, (silly) girl/woman (i.e. *often contemptuous*)
linn – stream, river, current
lippen – pay attention
lirt – deception
lodd – boyfriend
loed – loved
löf – palm of the hand (*Norn word still common in modern Shetlandic*)
loof – palm of the hand
loon – boy
loundirs – the dealing out of heavy blows
loup – jump, leap
lowdert – beaten
lowe – flame
lown – soft

lowpin – leaping, springing
lowpit – leapt
lowse – cast off
lowt – flared up into massive flames, giving great light
lug – ear
luisant – translucent, shining
luves – loves, love-making
lytach – a large mass of wet substance; speech in an unknown tongue, awkward, confused

mair – more
maisic – music
maister – master
mak – form, make
makar – poet, maker, craftsman
malison – curse
mane – lamenting
manheid – manhood
mannas – things which must not be done
manse – minister's (clergyman's) house
masks – hides
mauchled – mixed
mauchs – maggots
mauchtless – helpless
maun – must
maun gaun – must go
maut – malt (whisky)
mavie – mavis, song-thrush
maws – gulls
meenister – minister
mell – sledge hammer
melled – mingled, blended
mere-swine – dolphins
mett – imprint
micht – might
midden heid – top of the rubbish tip
midder – mother
min – mind
min' – to mind, to remember
minch – strait
mind – look out for
mind (fine) – remember (well)
mirk – darkness, dark
mirkabrod – a pitchdark night (*but also*: light variable wind making catspaws on still water)
mirligo – *literally*, a fit of vertigo. A Berwickshire expression, *tak the mirligoes*, means to feel dizzy or faint, hence 'dizzily'
mishanter – misfortune, disaster
mizzelt – melted, vanished; muzzled
moch – warm, moist, misty atmosphere
mochie – moth-eaten
mollopin – tossing the head disdainfully
mony – many
mooch – cadge, pilfer
mool – clay, soil of a grave
mools – grave, remains of a buried corpse
moosy – mousy
mort-claith – funeral pall
mou – mouth
moudie-hill – mole hill
moupt – nibbled
mow-band – halter
mowdie – mole
mudgis – hints at
muivement – movement
mulls – promontories, headlands
mune – moon
murn – mourn
murtherer – murderer
mynd – remember
mysel – myself

nae – no
naething – nothing
nain – own (*adjective*)
nainsel – himself, nobody else
nane – none
naukit – bare
neb – nose; the beak of a bird
neebin – dozing
neep-heidit – stupid
neet – nit, egg of the (head) louse
neir-bluids – near-relatives

neist – next
neives – fists
nesh – nervously full of awareness
neuk – corner, nook
nevermair – nevermore
nicht – night
nichtit – killed
nicht-sark – night-shift
no – not
nocht – nothing
nock – clock
noor – never
norie – a fancy
nou – now
nous – good sense
nowt – cattle
nowt – nothing
nyaff – insignificant person

o – of
oan fit – on foot
oanganger – someone who travels on
oan yir lane – on your own
ocht – anything, everything
oncost keekiebo – overheads labour; at shift rates of pay
ondeemas – incredible
onding – onset of rain or hail; downpour
onwal – interest
ony – any
oo('l) – we('ll)
oonchancy – uncanny; unpredictable
oor – our
oot – out
ootside – outside
or – before
orisons – prayers
orraman – odd-job man
owre – over
owrecome – theme

pad – path
pairt – part
pairtit – parted
paldies – hopscotch
palins – fence
paramour – lover
pech – pant
pēerie – small
perjink – refined
peyed – paid
photie – photograph
pickit – begrimed
piece – food
pieces – sandwiches
piece-timm – eating break
pingelt – worn right through with very hard work (used of women's fingers metaphorically – with awe)
pirnan – turning
pit – put
pleitered – splashed
plet – plaited
plook – spot, pimple
ploy – game
plunkin – propelling
poother – powder
port – gate
pous – pulls
pow – head
pree – sample, taste
preen-heid – pin-head
preeve – taste
prieven – proven
prile – three of a kind in the card game 'Brag'. Three threes, when played as the top hand, is known as a prile of priles
prink – strut
pu – pull
puddock – frog
pug – monkey
pugglt – mixed up, despairing
purfloe – edging
purgery – hell-fire
pushent – poisoned
puzzent – poisoned
pyat – magpie
pylers – pillars
pynt – point

quaich – drinking cup
queans – girls
queemin – fitting exactly

quhan – when
quhar – where
quhat – what
quhilk – which
quidna – could not
quines – queans, lasses, young girls

racked – reached, stretched, twisted, worried
raither nor – rather than
rakes – trains
ramskeerie – slapdash
rare – beautiful, wonderful
rashan – torrential
Raskauldnickov – a merging, à la James Joyce, of *Raskolnikov* and *Auld Nick*, old Nick, the Devil
Ratatosk – the squirrel who climbs the world-tree in Norse mythology
rax – reach, stretch
raxt – reached out and took
reamin – foaming
re-clamsed – re-use of clamp for crushing testicle cords
reddit – tidied
reekin – smoky, vaporous, evil-smelling
reeshle – rustle, commotion
reid-heidit – red-headed
reiver – robber
remeid – remedy, redress
retour – return
rewellan – bamboozling
rhetory – eloquence
richt – right
rickle – heap, pile; pile of stones
riever – thief, robber
rifted – belched
rinnin – running
rips – stalks
rivan – snatching, tearing, splitting; torn
roch – rough
rod – road
rodden (soure as a) – rowan berry (sour as a)
roils an routies – angry little motions
roon – round
rop – rope
rothick – young edible crab
roukit – misty
routh – abundance
routies – see *roils an routies*
rowe – bank
rowin – rolling
rowit – rolled
rowth – abundance
rubigos – penises
rugg – a tug
ruggin – yanking
ruggit – tugged
rummle – mixture
rummle-gumpshun – common sense
rumpshun – uproar
runkirs – lumpfish

sacrit – sacred
sae – so
saft – soft
safticks – an edible crab used for bait
saikless – devoid of guile
sain – bless, consecrate
sains – scenes
sair – very (much); sore, painful
sair-socht – debilitated
saits – seats
sall – shall
sanle – sand eels
sannas – things one shall not do
sark – shirt
saul – soul
saut – salt
sautie-herrin – salt herring
sawins – sawdust
scaalds – scolds
scadda – shadow
scarts – fragments
scaudin – scolding
scaured – scoured
schule – school
sclenter – *literally* scree, but with echoes of *sclent* or *asklent* – slanting movement or glance

sclimman, sclimmin – scrambling, climbing
sclims – climbs
scowdies – jellyfish
scrat – scratch
screes – riddle or sieve apparatus or sometimes stones from them
screivit – wrote
scrieve – write
scrievin – writing
scrievit(t) – wrote
scrow – shrimp
scrunty – scrawny, stunted
scud – see *bare scud*
scunner – disgust, sicken
scunnersomely – disgustingly
scunnert – sickened
scurry – despicable
scy – scythe
see's – give me
seg – sedge
seiver – drain
semmit – vest, undervest
sey – bucket
sgian du – black knife
shair – sure
shalls – shells
sharn – dung
sharrow – bitter
shauchils – shuffles
shauchle – a shanty, makeshift dwelling-place
sheemach – tangle or matted mass of hair
sheuch – ditch, watercourse
shilly – shrill, howling
shilpit – thin, insipid, drawn, unhealthy-looking
shite – shit
shoggin – rocking
shoogled – shaken
shoor – shower
shot-star – meteor
showerickie – slight or gentle shower
sib – like, similar, related
siccan – such kind of
siccar – secure, certain, sure
sicht – sight
siller – money; silver
sillersecks – silver-sàcks
simmer – summer
sin – since
sindered – sundered, separated
singan grey thrums – purring
sinsyne – since then
siver – gutter
skaigh – wheedle
skail – to shed
skailin – falling out
skails – disperses, scatters a group of people
skailt – spilt, emptied
skaith – harm, hurt, injury, damage
skaithless – harmless
skart – scratch
skeel – skill
skeelie – skilful
skelf – splinter
skilp – hit, strike, attempt
skink – soup
skinkle – glitter, gleam, sparkle
skirlin – calling loudly and shrilly
skitan – slipping
sklaichan – beslobbering
sklentie – sideways
sklims – climbs
skouk – skulk
skraich – screech
skroos – stacks
skufft – struck, swept
skyles – diffuses
slammach – cobwebs
slaps – gaps in a hedge
slatch – messy work
slattyvarryish – like edible seaweed
slaw – slow
slee – crafty; stealthily
sleekit – cunning, sly
slitterin – dribbling
slok – quench
sloomd – dreamt
sloomran – slumbering
slyrey – fine, like linen
sma – small
smeddum – energy, spirit, drive

smitches – specks
smooert – covered up so that its existence is possibly unknown
smoorit – smothered
smoors – smothers
smoorsna – that does not go out
smoort – smothered
smoot – slip surreptitiously
snaw – snow
sneck – notch
snell – sharply cold
snirtled – sniggered, sneered
snood – ribbon or band for confining hair
socht – sought
solya – a brief burst of sunshine
somewhaur – somewhere
soo – sow
soom – swim
soorit – soured
souch – sigh
souchless – without wind or breeze; still
soun – sound
spae-wife – fortune-teller
spauldless – shoulderless
speerit – spirit
speik – speechifying
speir – ask
speir – opening in a house wall to ask/answer questions
speirin – inquiring
spelthit – spreadeagled
sperfle – disperse
spew – vomit
spicket – tap
spilt wife – leper woman
spirlan – whirling
sploongein – soaked
spreid – spread
squirl – flourish
sta – stall
stab – stake
stacher – stumble
stanes – stones
staney – stony
stang – piercing pain
stanks – drains
stappit – stuffed
starns – stars
staucherin – staggering
staun – stand
staund – stand
staunin – standing
steck one's gab – keep quiet
steethe-stane – the first of the stones let down as an anchor to deep-sea fishing-lines
steidit – founded
steir – bustle, confusion
stell – steep
stendin – moving purposefully
stentit – taut
ster – star
sterklik – robust (like)
stevin – loud outcry
stew – dust
stey (gate) – steep, difficult (path)
stievelik – sturdy(like)
stiggs – reacts with aversion
stilanon – for all that
stoater – walk unsteadily
stobs – posts
stookie – a plaster (stucco) cast; helpless, bemused
stoon – shock
stoond – instant
stoor – grimy dust
stottin – moving erratically
stound – a sharp throb
stour – dust
stourie – dusty
stovies – a stew of potatoes, onions, and other ingredients
stowr – invincible
stracht – straight
straikin – stroking
stramash – ado, bother
stramashes – smashes
stramp – step
stravaig – to walk about dressed up, just looking at other people
streel – urinate
stuid – stood
stunk – breathe stertorously
sturt – trouble

sucker – sugar
suid – should
suin – soon
summer-cloks – sunbeams
sune – soon
swack – active, supple
swan-fite – swan-white
swatch – see *sweel an swatch*
swaws – waves
sweel an swatch – the swirling pattern
sweir – reluctant, unwilling
sweirt – disinclined
sweirtness – reluctance
sweit – sweat
sweyed – swayed
swinglit – sentenced
swippert – swift and nimble
swither – dither
symie – devil
syne – then, since then
syver – sewer

tae – to
taet – an entity, a jot
taet o sucker – sugar lump
taid – toad
tairge – targe, shield
tallie – tallow
Tally – Italian
tantirwallops – tatters
tapsalteerie, tapsilteerie – in utter confusion; inverted
tare – spree
tarts – whores
tchauve – struggle, work hard
teemed – emptied
teen – mood
tent – taken care
tentless – heedless
thae – these
thaim – them
thairms – innards
thegither – together
theiveless – worthless
thir – these
thirldom – bondage
thirled – entailed, thralled
thocht – thought
thole – endure
thon – that
thoum-skeetert – thumb-projected
thowe – thaw
thraan – unwilling
thrang – crowd
thrang – full, well-packed
thrappit – strangled
thrapple – throat
three-threids-an-a-thrum – cat's purr
threipin – nagging
threip on – insist, persist
thristin – thrusting
throu – through
thrown a dizzy – stood-up (i.e. left standing at a meeting-place by a boy/girlfriend who hasn't turned up)
thrummlin – trembling
thrums – see *singan grey thrums*
ti – to
timmin – emptying out
timorsome – timid
tine – lose
tinks – tinkers (*pejorative*)
tint – lost
tippit – overturned
tocher – dowry
tod – fox
toom-dowp – (with an) empty arse. 'Better half an egg as a toom dowp'
toun haa – town hall
towe – thaw
traddelin – trampling
traik – journey
trauchle – struggle, trouble
trauchled – weary
tremmlin – trembling
trig – neat and lovely, well turned out
trummel – tremble
trummelin – trembling
trummlan – trembling
trysts – assignations
tuim – empty

twa – two
tyke – clumsy useless person

ugsome – repulsive
umwhile – former
unco – extraordinary
unfankle – untie
unfechtable – unfightable
unhained – boundless
unkennin – unknowing
unkent – unknown
untentit – neglected
upo – upon
usquebauch, usquebaugh – whisky

vaige – voyage
vaigin – wandering aimlessly
vainishes – vanishes
variorum – variation
veeve – vivid
veevly – vividly
vice – voice
vieve – bright, clear
virr – vigour, energy, force
voar – springtime
vodd – untenanted
vrocht – worked, laboured

waa-geng – after-taste or smell
waas – walls
wabsters – weavers
wad – would
wadna – would not
wally-draigle – good-for-nothing
wame – stomach, belly
wan – one
wanner – confuse
wanthriven – in decline, weakly
wappenschaw – weapon-show, for sport or muster
wappt – wrapped
wark – work
warkly – assiduous, diligent
warl – world
warslan – struggling
wastrie – waste
wastry – loss
waur – worse
waw – wall
weans – children
wechtit – weighed
wee – small
wee – see *a wee*
weel-kent – well-known
weir – war
weird – fate, destiny, fortune
weird – see *dree his weird*
weivin – weaving
wersh – sour
wey – way
wha – who
whase – whose
whaups – curlews
whaur – where
wheen – a (considerable) number
wheesht – be silent
wheesht – see *haud . . . wheesht*
whigmaleeries – gewgaws, useless ornaments
whiles – sometimes; in the meantime
whilk – which
whiloms – sometimes
whit-sic – which
whuddit – hurtled
whulk – which
wice, wyce – wise, sane
widder-gleam – any cold or exposed place
willyart – wayward, wilful, obstinate
wilt – lost
win-in – gain entry
winna – will not
winnock – window
wippled – tied
wir – our
wis – was
wites – waits
witin – waiting
wowfs – wolves
wrack – wreck, ruin
wrang – wrong
wuid – crazed
wuids – forest

wund – wind
wund-flaucht – wind-blown
wyce – wise, knowing
wynds – narrow (winding) streets or lanes
wyse up – coax; to prime

yae – one, only
yalla – yellow
yarl – earl
yestreen – yesterday
yett – gate
yin – one
yince – once
yir – your
yird – bury
yird – earth
yirdin – burial
yirdit – buried
yirth – earth
yit – yet
yoamt – eddied
yon – yonder; that
yont – beyond
youtheid, youthheid – youth, youthfulness
yowes – ewes